BIBLIOTHÈQUE

CHRETIENNE ET MORALE

approuvée

PAR MGR L'ÉVÊQUE DE LIMOGES.

—

3ᵉ SERIE.

Tout exemplaire qui ne sera pas revêtu de notre griffe sera reputé contrefait et poursuivi conformément aux lois.

Barbou frères

©

PIERRE LE CRUEL.

PIERRE LE CRUEL

OU

LE CHATIMENT DE DIEU

D'APRÈS LE P. D'ORLÉANS.

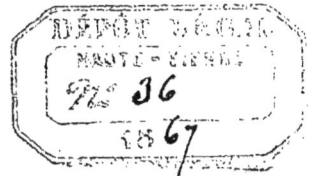

LIMOGES.

BARROU FRÈRES, IMPRIMEURS-LIBRAIRES.

—

1867

I

Dieu avait élevé en même temps sur les trônes de Castille et d'Aragon deux de ces rois qu'il donne, dans sa colère, aux peuples dont il veut punir les péchés. Ils portaient l'un l'autre le même nom. Tous deux ils étaient injustes et cruels; mais avec cette différence, que Pierre IV, roi d'Aragon, n'exerça d'injustices et de cruautés qu'autant qu'il les jugea nécessaires au succès des desseins que lui inspira son ambition ; et que Pierre, roi de Castille, commit celles qui lui ont acquis le surnom de Cruel, par la férocité d'un tempérament naturellement sanguinaire. Ils eurent d'ailleurs tous deux beaucoup de ces bonnes qualités qui contribuent à

faire les grands rois : de l'esprit, de la valeur, de l'activité. De plus, le Castillan était bel homme. Il avait le
teint blanc, les traits réguliers, les cheveux blonds, la
taille haute, et un air de grandeur qui le rendait respectable. L'Aragonais était fort laid, d'un regard farouche, de petite taille; mais il suppléait à ces défauts par
la précaution de ne se faire voir en public qu'avec la
pompe qui donne de la majesté, et de ne dispenser
personne des cérémonies établies pour tenir dans le
respect dû aux rois ceux qui leur parlent ou qui les
approchent, de là le surnom de Cérémonieux, qu'on lui
donna. Le Castillan parut avoir un plus grand talent
pour la guerre; mais l'Aragonnais savait mieux que lui
l'art de se la rendre utile, et ne la faisait que pour en
tirer avantage; au lieu que l'autre ne l'entreprenait que
pour satisfaire sa vengeance, et n'en recueillait guère
d'autres fruits que le plaisir de répandre le sang de ses
ennemis. Ils eurent tous deux l'esprit dur, impérieux,
hautain. Leur ambition et leur caprice leur tenaient
lieu de loi. Mais comme le roi d'Aragon avait toujours
en vue quelque intérêt solide, sa conduite était mesurée,
politique, et assez modérée pour n'employer le crime
qu'au défaut des autres moyens. Au contraire, le roi de
Castille, suivant toujours le torrent de sa passion sans

autre but que de la suivre, souilla sa vie de tous les crimes qu'inspirent une lubricité effrénée et la cruauté la
plus barbare. Pour définir en un mot ces deux princes,
l'un fut le Néron de la Castille, l'autre, le Tibère de
l'Aragon.

Ces mauvais rois furent punis d'en haut, inégalement
toutefois. Le moins méchant fut un instrument dont Dieu
se servit pour punir le plus coupable; le malheur de
celui-ci produisit même quelque amendement dans
celui-là. Mais ils éprouvèrent tous deux que les rois,
comme le peuple, ont un juge qui ne laisse aucun
crime impuni. Après avoir, chacun de leur côté, trou-
blé le repos et versé le sang de leurs sujets, ils tournèrent leurs armes l'un contre l'autre; un tiers, profitant de la conjoncture, fondit sur le Castillan, le détrô-
na, lui ôta la vie dans la force de l'âge. L'aragonnais,
qui avait déjà joint une nouvelle couronne aux siennes,
vécut assez pour mettre ses enfants en état d'y en-
joindre une seconde; mais par un châtiment réservé
aux crimes que lui avait fait commettre son ambition,
bientôt après, la mort ayant enlevé le dernier prince de
sa maison, le sceptre d'Aragon fut transféré à un des
descendants de celui qui avait conquis la Castille.

Il y avait environ quatorze ans que Pierre, roi

1..

d'Aragon, était sur son trône , lorsque Pierre , roi de
Castille, monta sur le sien , dans la seizième année de
son âge. C'était un mauvais exemple pour le jeune roi
de Castille , qu'un voisin tel que le roi d'Aragon , déjà
fameux pour s'être défait d'un frère et d'un beau-frère, in-
commodes à son ambition. Jacques , roi de Majorque ,
qui avait épousé sa sœur, et d'ailleurs prince de son
sang, fut la première victime qu'il immola : Pierre
n'avait pu voir le royaume de Majorque en d'autres
mains que dans les siennes; le Roussillon et le comté de
Cerdagne , donné en supplément de partage à cette
branche cadette de sa maison , lui avaient paru trop à sa
bienséance, pour souffrir qu'ils demeurassent plus long-
temps démembrés de sa couronne. Jacques ne lui avait
semblé que trop riche par la possession de Montpellier, et des autres terres qu'il avait en France. Ce prince
lui avait fait hommage pour le royaume de Majorque ,
pour le Roussillon et pour le comté de Cerdagne, mais
il n'avait paru le faire que contraint par la loi du plus
fort, et sans renoncer à l'indépendance que son grand-
père avait prétendue de tout ce qui était entré dans
son partage. Pierre avait cherché un prétexte de le
dépouiller tout-à-fait, et il l'avait enfin trouvé. Une
contestation de Jacques avec Philippe de Valois , roi de

France, pour la souveraineté de Montpellier en fut l'occasion.

Depuis le temps où les rois de France avaient négligé les droits souverains que Charles-Martel et ses descendants avaient acquis par leurs conquêtes sur divers États et sur diverses terres en de-là et en deçà des Pyrénées, la seigneurie de Montpellier avait relevé de l'évêché de Maguelonne, transféré depuis dans la ville même de Montpellier; et les Évêques s'étaient mis en possession de ne relever de personne. Depuis que cette principauté était tombée dans la maison des rois d'Aragon, ces princes s'étaient affranchis de l'hommage rendu aux Évêques par les seigneurs particuliers, et s'étaient mis, à leur tour, en possession de la souveraineté du pays, qui leur avait été faiblement contestée jusqu'au temps de saint Louis, et de son accommodement, pour celle de la Catalogne, avec Jacques Ier, roi d'Aragon. La contestation même alors avait été assez légère de la part de ces deux rois, qui se ménageaient 'un l'autre, et ne voulaient pas se brouiller. Montpellier, sous le règne suivant, étant échu aux rois de Majorque, cadets de la maison d'Aragon, qui s'étaient attachés à la France, l'affaire était demeurée assoupie, et ne s'était renouvelée qu'entre Philippe de Valois

et Jacques, roi de Majorque, dont je parle. Philippe,
seigneur suzerain de Montpellier, en vertu des droits
cédés volontairement à ses ancêtres depuis cinquante ans
par les Évêques de Maguelonne, avait sommé le roi de
Majorque de rendre hommage à la couronne de France.
De plus, le monarque français avait prétendu que les
causes qui se jugeaient à Montpellier iraient par appel à
Paris, pour y être jugées en dernier ressort, comme au
tribunal souverain. Jacques s'y était vivement opposé,
sous prétexte qu'on ne devait pas décider du droit de
la couronne de France sur de vieux titres, mais sur
l'usage reçu et constamment observé, depuis que les
rois d'Aragon, et après eux les rois de Majorque,
étaient en possession du comté de Montpellier.

On en était venu aux armes. Philippe s'était déjà
saisi des environs de cette ville, et de toutes les terres
que le roi de Majorque possédait en France. Jacques
avait eu recours au roi Jacques d'Aragon son beau-
frère, et lui avait demandé du secours, après lui avoir
représenté qu'il était de son intérêt de défendre un
prince de son sang et son vassal. Mais, au lieu d'être
secouru, ayant été attiré, sous de belles promesses, à
une conférence avec don Pierre, celui-ci, dont l'ambition n'avait point de bornes, résolut de s'emparer de

ses États , et de profiter de son embarras pour le dépouiller de son héritage. Dans ce dessein, il prit le parti
de lui faire un procès criminel , où entre autres crimes
qu'on lui reprochait, il fut accusé d'avoir tramé une
conspiration contre la vie du roi son beau-frère. On pré-
tendait que la reine, épouse du roi de Majorque, in-
quiète pour la vie du roi d'Aragon son frère, qu'elle
aimait tendrement, avait découvert elle-même le complot. Soit que le crime dont on chargeait le roi de
Majorque eût été supposé, soit qu'il se fût rendu suspect par une conduite trop peu mesurée, il fut contraint
de se retirer dans son île pour s'y mettre en sûreté.
Pierre, qui le voyait destitué de tout secours , l'ayant
laissé passer avec une armée, s'empara de son royaume,
et le força d'en sortir comme un malheureux fugitif.

Le roi d'Aragon ne s'en tint pas là, il le poursuivit en
Roussillon. Toute la province, à l'exception de Perpi-
gnan, avait suivi la loi du plus fort, lorsque , par un
mauvais conseil, Jacques demanda un sauf conduit
pour venir implorer en personne la clémence du vainqueur , dans l'espérance qu'on lui avait donnée que,
s'il faisait cette démarche, il serait rétabli dans ses
États. Ce prince infortuné ne tarda pas à s'apercevoir
qu'il avait été trompé. Il fut déclaré déchu de la dignité

royale. Le royaume de Majorque , le comté de Roussillon et celui de Cerdagne furent réunis à la couronne
d'Aragon , pour n'en être plus séparés. On lui assigna
une pension , et on lui permit d'aller vivre dans les terres qu'il avait en France. Il était si dépourvu de tout ,
qu'il pensa mourir de froid en passant les Pyrénées. La
mélancolie le saisit , et on eut peine à empêcher que ,
par un mouvement de désespoir, peu digne d'un homme
courageux et moins encore d'un prince chrétien, il n'a-
brégeât lui-même une vie dont la suite ne fut qu'un
tissu de malheurs. Il ne fut pas arrivé en France qu'il
eut de grands sujets d'espérer que sa fortune change-
rait. Le pape Clément VI , qu'il vit à Avignon , lui
promit de le protéger , et le roi de France , qu'il avait
offensé contre les règles de la politique, s'engagea géné-
reusement à le secourir.

Avec de tels appuis, le roi détrôné se flatta d'un rétablissement d'autant plus prompt qu'il apprenait en
même temps qu'une nouvelle injustice du roi d'Aragon
venait d'allumer la guerre civile dans ses Etats. Un autre
Jacques, frère de ce roi, né de même mère que lui , qui
portait le titre de comte d'Urgel , et avait été déclaré
lieutenant-général du royaume,en était considéré comme
l'héritier présomptif, suivant les lois fondamentales de

l'Etat. Le roi n'avait point d'enfants mâles, et les filles étaient exclues de la succession à la couronne par un décret porté du temps du premier comte de Catalogne, qui l'avait mise dans sa maison. Un successeur collatéral est rarement agréable aux yeux du prince à qui il doit succéder. Un fils trop avancé fait souvent ombrage, à plus forte raison un frère, qui peut d'autant plus aisément être tenté d'impatience, qu'il n'est sûr de la couronne que quand il la porte. Pierre était d'un caractère d'esprit tout propre à se laisser parvenir de telles pensées. Il crut même avoir quelque raison particulière de soupçonner Jacques sur ce que ce prince avait témoigné de la compassion pour le roi de Majorque, et peut-être désapprouvé l'injustice qu'on lui faisait. Il n'en fallait pas tant pour être coupable de plus d'un crime auprès du roi d'Aragon. L'infant sentit bientôt sa disgrâce par toutes les marques que le monarque put lui donner de son aversion. Il le déposa de la charge de lieutenant-général du royaume, et, pour lui faire encore mieux entendre qu'il ne devait pas être son héritier, il fit reconnaître Constance, l'aînée de ses filles, pour princesse d'Aragon, qualité qui porte avec elle un titre sûr pour la succession.

Pierre ne trouva pas le comte d'Urgel aussi aisé à

opprimer qu'avait été le roi de Majorque. Loin d'as-
quiescer à cette disposition, l'infant leva hautement le
masque, et eut en peu de temps trouvé un assez grand
nombre de partisans zélés, pour former une faction
redoutable au roi son frère. Celle de l'Union, presque
éteinte sous les deux règnes précédents, se réveilla, et
reprit de nouvelles forces pour soutenir les droits de
don Jacques ; et comme assez peu prudemment le roi
venait de donner atteinte à ceux de *Justice* d'Aragon,
que toute la nation regardait comme l'appui le plus solide
de ses priviléges contre les entreprises des rois, le parti
de l'infant fut regardé comme celui des lois et de la liberté publique. Pierre crut quelque temps être délivré de
l'embarras que lui causait ce soulèvement de ses peuples par la naissance d'un fils qu'il eut de Marie de
Navarre sa femme ; mais cet événement, qui le rassura
d'abord, augmenta bientôt son appréhension par la
mort de l'enfant et de la mère. Cette princesse, une des
plus vertueuses de son siècle, mourut cinq jours après
être accouchée d'un prince qui ne vécut qu'un jour.

Le roi d'Aragon pensa bientôt à se remarier le plus
promptement qu'il lui fut possible, et ce second mariage
lui fit de nouveaux ennemis. Don Ferdinand, son frère,
l'aîné des deux fils d'Eléonore de Castille, qu'on nom-

mait marquis de Tortos, avait fait demander en mariage
Eléonore, infante de Portugal, et le traité était presque
conclu , lorsque le roi d'Aragon le rompit , en faisant
demander l'infante pour lui. Il l'emporta ; mais en même
temps il excita de nouveau contre lui ses frères et le roi
de Castille, Alphonse, oncle des deux infants, qui se
retirèrent avec leur mère, pour la seconde fois, auprès
de lui. Ce prince était trop occupé de son entreprise
contre les Maures pour rompre ouvertement avec l'Aragonnais, mais il ne laissa pas d'appuyer, sous main, le
parti de ses neveux , en permettant à ses sujets de les
assister et de les suivre.

Les villes et les provinces entières entrèrent dans
cette faction, surtout Sarragosse et Valence. Le roi de
Majorque ne trouva pas en France tout le secours qu'il
en attendait , tant à cause de la guerre déclarée contre
Philippe de Valois par Edouard III , roi d'Angleterre,
que parce que le roi d'Aragon avait sû mettre dans ses
intérêts une grande partie des seigneurs français.
Comme Philippe néanmoins avait donné des paroles au
roi de Majorque, il laissa armer des vaisseaux et assembler ce qu'il put de troupes ; il acheta même de lui
la seigneurie de Montpellier, que ce prince lui donna
pour cent mille écus, afin de hâter son armement. Ainsi

le roi de Majorque était à craindre pour le roi d'Aragon
dans la conjoncture. On est fécond en expédients quand
on a la conscience à l'épreuve de l'horreur que cause le
crime. Pierre, voyant l'orage grossir , et craignant d'en
être accablé, mit tout en œuvre pour le conjurer par la
ruse au défaut de la force. Après quelques tentatives,
qui ne lui réussirent pas, ayant convoqué les états-géné-
raux à Sarragosse , et y trouvant une opposition insur-
montable à ses desseins, il feignit de se relâcher et commença par confirmer les priviléges de l'union, tels que
les avait accordés Alphonse III, son bisaïeul, parmi
lesquels il y en avait un qui faisait la sûreté de tous les
autres , et qui consistait en ce que les chefs de cette
confédération auraient en dépôt seize places, qu'il leur
serait permis de rendre à tout autre roi qu'ils voudraient,
au cas où don Pèdre , leur souverain, contreviendrait
aux lois fondamentales de l'État. Peu de temps après,
ayant harangué pour la conclusion des États, il rendit à
l'infant don Jacques la lieutenance générale du royaume, et déclara nul tout ce qui avait été fait à son pré-
judice. Le comte d'Urgel y fut déclaré dans les États, du
consentement même de Pierre, légitime successeur et
l'héritier présomptif de la couronne d'Aragon.

Ces démarches du roi pour la paix avaient désarmé les

plus échauffés, et là Ligue n'avait plus d'âme; l'infant
ne la soutenait plus depuis que l'Union l'avait abandonné. Aussitôt que les Etats de Saragosse furent finis,
le roi, qui avait un empressement extrême de conclure
son mariage, se rendit à Barcelone, où il avait ordonné
que l'on conduisît l'infante de Portugal pour la cérémonie de ses noces. Il y fut suivi du comte d'Urgel.
Mais peu de jours après son arrivée, le bruit se répandit que ce Seigneur était mort, lorsqu'on s'y attendait
le moins, et ce bruit n'était que trop vrai. On crut don
Jacques empoisonné, et ce soupçon parut d'autant mieux
fondé, qu'on avait assez mauvaise opinion du roi, pour
le croire capable d'un crime atroce. La conjoncture du
temps, le tour des affaires, et le subit changement du
roi, naturellement plus flexible et encore moins condes-
cendant, ne laissa pas lieu d'en douter, au moins à ceux
qui pour croire le mal n'ont pas besoin de conviction.
Les grands et le peuple, indignés d'une si noire perfidie, se liguèrent de nouveau. Les princes don Ferdinand
et don Juan, frères de don Jacques, revenus en Castille
après les états de Sarragosse, n'eurent pas plutôt appris
sa mort, qu'ils se rendirent à Madrid pour conférer avec
la reine leur mère et le roi de Castille, leur oncle, sur
le parti qu'ils avaient à prendre dans les conjonctures

présentes, comme ils entraient dans tous les droits du comte d'Urgel, ils résolurent de faire valoir leurs prétentions; et se mirent à la tête des mécontents du royaume. Le roi de Castille leur donna huit cents chevaux. Le prince don Ferdinand se rendit à Valence avec un corps d'infanterie, et quatre cents hommes de cavalerie. Don Juan, de son côté, s'avança vers Sarragosse, où une grande partie de la noblesse d'Aragon vint lui offrir ses services. Le trouble, qui n'était pas encore apaisé dans le royaume de Valence, y devint plus grand que jamais, et les troupes du roi y furent défaites aux environs de Xativa par celles des confédérés. Les habitants de Sarragosse portèrent un étendard à l'église, le firent bénir, l'élevèrent et engagèrent à se ranger sous cette bannière ceux qui aimaient assez leur patrie pour en défendre les lois et la liberté.

L'insolence des factieux de Sarragosse redoubla, à la nouvelle qu'on apprit en même temps d'une seconde bataille donnée dans le royaume de Valence, entre les royalistes et les ligués, où ceux-ci étaient demeurés encore une fois victorieux. Le roi y marcha en personne, et y fut fort embarrassé. L'infant don Ferdinand, son frère, revenu de Castille à la tête d'un corps de troupes, avait été déclaré chef de tous les confédérés du

pays. Cette guerre civile devenait d'autant plus fâcheuse, que le roi de Majorque était en mer, et que, d'un
autre côté, don Pèdre courait risque de perdre la Sardaigne, depuis les troubles qu'y avaient excités les Doria
et d'autres Génois. Le roi vint cependant à Valence ;
mais les insultes et les outrages dont on le chargea en
diverses rencontres l'obligèrent d'en sortir. Encore fallut-
il qu'il usât d'artifice pour se retirer d'entre les mains
des rebelles, qui le tenaient comme prisonnier. Ne perdant pas néanmoins courage, quand il se vit en liberté,
il prit, en prince prudent, les mesures nécessaires pour
vaincre l'orage, ou pour céder au torrent sans se perdre. Les secours considérables que ses frères tiraient des
Etats du roi de Castille lui étaient fort préjudiciables ;
il s'en plaignit, il représenta qu'étant en paix avec ce
prince, il était injuste qu'il lui fît la guerre contre la foi
de leurs traités, et demanda qu'on rappela les Castillans
qui suivaient ses frères. Sa demande était juste, et d'ailleurs le roi de Castille avait toujours les mêmes raisons
de ne pas rompre ouvertement avec lui ; il s'excusa
néanmoins de rappeler ses sujets, craignant, disait-il, de
n'être pas obéi, et de commettre son autorité ; mais,
pour montrer qu'il voulait garder une neutralité parfaite,
il permit à l'Aragonnais de lever des troupes dans ses

Etats : Pierre accepta l'offre. Il lui vint de Castille un
renfort de six cents chevaux, conduits par don Garcie
Albornoz, qui se joignirent fort à propos à l'armée de
dont Lopez de Luna, général des troupes du roi d'Aragon, dans le royaume de Valence.

Cependant cet habile prince, à tout événement, négo-
ciait avec le roi de Castille un nouvel accommodement,
dont il lui fit entrevoir de grands avantages. Par-là, il
se préparait un moyen favorable de pacification, au cas
où la guerre qu'il avait à soutenir contre les rebelles ne
lui réussît pas. Elle lui fut plus heureuse qu'il n'eût
osé espérer. On peut dire que la faiblesse et l'habileté
de leur général contribuèrent également à ce succès.
Don Ferdinand, qui commandait l'armée confédérée de
Valence, crut être assez supérieur en nombre pour assiéger Epila à la vue de l'armée royale. Il mit, en effet,
le siège devant cette ville, située sur les bords de la
rivière de Xalon; mais ce fut à son désavantage. A peine
l'eût il formé, que don Lopez parut à la tête de sa petite
armée, qui venait d'être jointe par quelques troupes
castillanes. Don Ferdinand n'attendit pas qu'on vînt
l'attaquer dans son camp. Etant sorti au-devant de
Lopez de Luna, et l'ayant rencontré dans une plaine
entre Epila et le Xalon, la bataille se donna, l'infant fut

défait et blessé, et, ayant été pris, il serait tombé entre
les mains du roi, son frère, s'il n'eût eu le bonheur d'ê-
tre pris par les castillans de don Garcie d'Albornoz, qui
le laissèrent échapper, et lui donnèrent moyens de se
retirer en Castille. Don Ximénès Urrea, le plus zélé des
partisans de l'union, fut tué dans cette bataille, avec
beaucoup d'autres grands seigneurs.

Le roi profita de cette victoire, alla joindre ses troupes, et les mena sans perdre de temps à Saragosse,
capitale de ses états, pour punir cette ville rebelle, et
pour la faire servir d'exemple aux autres. Les habitants craignaient tout d'un prince justement irrité et
naturellement cruel. Ils en furent néanmoins traités avec
plus d'indulgence qu'ils ne l'espéraient. Quelques-uns
des plus séditieux furent comdamnés à la mort; mais le
nombre n'en fut pas aussi grand qu'on avait sujet de
l'appréhender. Le roi, se voyant en état de recueillir
un fruit plus solide de sa victoire, que du plaisir de
se venger, convoqua incessamment les Etats, et, s'y
trouvant tout-à-fait le maître, il fit abolir l'union avec
tous les priviléges populaires que ses prédécesseurs y
avaient attachés, et qu'il avait confirmés lui-même quelque temps auparavant. Il fit ordonner de plus que la
charge de gouverneur du royaume, qui faisait ombrage

aux rois, ne serait plus exercée par les seigneurs, non pas même par ceux du sang royal. Il releva en quelque chose les prérogatives de *Justice*, ou du conseil suprême d'Aragon, que la puissance de l'union avait insensiblement dégradé : mais aussi il lui donna des bornes bien plus étroites que celles de son institution.

Le roi n'oublia pas qu'il devait tant de succès à la valeur de don Lopez de Luna. Il le fit comte héréditaire de la terre qui porte ce nom, et c'est le premier de ces sortes de titres qui ait passé du père aux enfants dans la monarchie d'Aragon, hors la maison royale.

Le roi, ayant pris ainsi le dessus, ne trouva plus rien de difficile. Les troubles du royaume de Valence lui donnèrent encore quelque peine à calmer. Il fut obligé d'assiéger la capitale, qui se défendit opiniâtrément ; mais, contrainte enfin de se rendre à la discrétion du vainqueur, peu s'en fallut qu'elle ne payât cher sa révolte. Le monarque, irrité de sa résistance et de sa longue rébellion, se laissant aller au premier mouvement de son tempérament féroce, avait résolu de la détruire, de la brûler, d'y faire passer la charrue, et d'y faire semer le sel. On eut peine à le détourner de cette vengeance barbare. On le fléchit néanmoins à force de prières et de raisons : ainsi il se contenta du supplice de quelques-uns des plus séditieux, et de quelques taxes pécuniaires, qui furent imposées aux bourgeois.

Le roi de Majorque avançait cependant l'armement qu'il avait projeté. Après l'avoir achevé, il se mit en mer, et alla faire descente dans son île avec d'assez bonnes troupes, commandées, sous ses ordres, par Charles Grimaldi, seigneur de Monaco. Ils marchaient vers la capitale dans l'intention de l'assiéger, lorsqu'ils rencontrèrent en chemin don Gilbert Cruillias, gouverneur des îles établis par le roi d'Aragon, et don Raymond de Corbéra, capitaine expérimenté. Le roi fut défait et tué ; son fils, don Jacques, y demeura prisonnier, après avoir donné des preuves d'un courage aussi intrépide mais aussi malheureux que celui de son père. Par cette victoire, le royaume de Majorque demeura uni pour toujours à la couronne d'Aragon : car, depuis, ni l'enfant, ni aucun autre de cette famille ne put se mettre en état de rien disputer à Pierre et à ses successeurs.

La guerre s'allumait tous les jours plus violemment en Sardaigne, entre les troupes du roi d'Aragon et celles qu'y envoyaient les Génois pour soutenir les Doria qui y avaient occupé des places. Cette conquête eût été en

danger si les Vénitiens et les Génois ne se fussent brouil-
lés en ce temps-là, et n'eussent donné moyen au roi de
défendre cette île contre les Génois, par l'alliance qu'on
fit avec les Vénitiens, et l'engagement qu'il prit de faire
valoir même la prétention qu'il avait sur l'île de Corse,
possédée par les Génois, et de soutenir que cette dernière était de la dépendance de l'autre.

Il traita le reste de ses affaires par la voie de la négociation. Il convint avec la France que la seigneurie
de Montpellier demeurerait à cette couronne, à condition
que ce qui restait à payer du prix de la vente qu'en avait
fait le roi de Majorque reviendrait au roi d'Aragon. Il
fit alliance avec Charles le Mauvais, nouvellement roi
de Navarre. Ses démêlés avec ses frères, qui s'étaient
retirés pour la troisième fois en Castille, lui causèrent
moins d'embarras qu'il n'avait sujet de le craindre.
Alphonse, leur oncle, obtenant toujours de nouveaux
succès sur les Maures d'Andalousie, qu'il voulait chasser tout-à-fait d'Espagne, n'agissait plus que mollement
pour les intérêts de ses neveux, et pour ceux de la
reine, sa sœur. L'affaire se traita lentement. Alphonse
rendit toute cette négociation sans effet, et l'Aragonais,
pour comble de bonheur, après la mort de sa seconde
femme, Eléonore de Portugal, épousa, en troisièmes

noces, Constance de Sicile, qui lui donna un prince nommé Jean, reconnu pour légitime successeur de Pierre dès le moment de sa naissance ; il fut créé duc de Gironne, titre qui fut depuis affectée aux héritiers présomptifs de la couronne.

2.

II

Pierre IV, roi d'Aragon, avait déjà fait tout ce
chemin dans la carrière que son ambition s'était ouverte
par des crimes que sa politique lui rendit utiles, lorsque
cet autre Pierre, roi de Castille, qui fut surnommé
le Cruel, commença son règne par des crimes malheureux, qui d'abord inspirèrent de la crainte, mais bientôt
le rendirent odieux à ses peuples. L'extrême vigueur
avec laquelle il soutint cette haine publique, au lieu
de penser à l'adoucir, le précipita enfin dans l'abime
que lui creusèrent tant de mains. On croit que les vices
de ce prince n'auraient pas été incorrigibles s'ils avaient
été réprimés de bonne heure, et si les factions puis-

santes, qui abusèrent de sa jeunesse pour se saisir de son autorité ou pour se défendre de ceux qui s'en emparaient, n'avaient fomenté sa mollesse ou irrité ce cruel féroce, qui le porta, dans la suite, aux plus grands excès.

Alphonse IX avait laissé en mourant sa cour divisée en deux grands partis pleins de haine l'un pour l'autre, et animés des plus vifs mouvements que le ressentiment, l'envie, la crainte, l'ambition, l'intérêt inspirent à des courtisans, ou concurrents, ou ennemis. Marie de Portugal, reine de Castille, était à la tête de l'un, et Eléonore de Guzman, qui avait gagné le cœur du roi, soutenait l'autre de ses conseils et de son crédit. Ce dernier avait prévalu, et le premier ne s'était soutenu qu'autant qu'Alphonse n'avait pas jugé à propos de le laisser tout-à-fait opprimer.

Ce prince n'eut pas plus tôt expiré que les affaires changèrent de face. La faction de la reine prit tout d'un coup le dessus, et celle de sa rivale se trouva exposée à toutes les fureurs de cette princesse vindicative. Le nouveau roi était à Séville quand son père mourut à l'armée. La reine était avec son fils, qu'elle regardait comme son appui contre les entreprises d'Eléonore, et comme un instrument propre à se venger d'elle, si elles sur-

vivaient l'une ou l'autre au roi. Elle avait fait une étroite
liaison avec le gouverneur du prince, dont Alphonse
faisait grand cas, et qui, par une conduite mêlée de vices
et de vertu, avait tellement gagné son pupille, qu'il était
devenu son favori.

Don Juan Alphonse d'Albuquerque, ainsi se nommait ce seigneur, était né d'un fils naturel de Denis,
roi de Portugal. Il s'était attaché au roi de Castille, et
avait fait auprès de lui une fortune qui le rendait supérieur en richesses et en crédit à la plupart des grands
du royaume. Elle était proportionnée à sa naissance, et
n'était point au-dessus de son mérite. C'était un de ces
hommes capables de tout, également propre pour le
cabinet par ses talents, et pour la guerre par une grande
valeur et une conduite sur laquelle un roi pouvait se
reposer du gouvernement de ses États. Il était né droit
et vertueux, et personne n'était plus propre que lui à
cultiver ce que le prince avait de bonnes qualités, si
l'ambition et l'intérêt qui inspirèrent à don Alphonse des
complaisances criminelles pour les vices de don Pèdre,
n'eussent fomenté dans l'élève des défauts dont ils ne
se corrigea point, et fait commettre des fautes au gouverneur dont il se corrigea trop tard.

Quelque puissante que fut devenue cette faction dans

le nouveau règne, celle qui lui était opposée n'était pas tellement abattue qu'elle ne fût encore redoutable. Eléonore avait du feu roi sept fils vivants et une fille, la plupart richement établis, parmi lesquels don Henri, comte de Trastamare, don Frédéric, grand-maître de Saint-Jacques, don Tello, seigneur d'Aguilar; don Ferdinand, seigneur de Ledesma, tenaient, un grand rang dans l'Etat, et y étaient assez puissants pour y exciter de grands troubles; les Guzman, les Ponce de Léon leur étaient étroitement attachés par le sang et par l'intérêt, et pour peu que certains seigneurs qui observaient le mouvement des affaires, prêts à embrasser le parti le plus convenable à leur ambition, se déclarassent pour celui-ci, il devait contrebalancer l'autre, et il n'était pas possible qu'avec le temps il ne l'emportât. Don Henri, en particulier, était un adversaire à craindre pour la faction dominante. Le roi apprit, par son expérience, qu'il ne l'avait pas assez craint. C'était un prince plein de feu, agissant, entreprenant, ambitieux, assez modéré néanmoins pour dissimuler, pour plier, pour temporiser à propos, souple à s'accommoder au temps, attendant les occasions sans impatience, et ne perdant pas un moment favorable à en profiter; libéral, populaire, affable, bon ami pour les amis sincères, adroit

à donner le change à ceux qui le voulaient tromper. Il
n'eut de vices que ceux que font naître dans les cœurs
les plus naturellement vertueux, si la religion ne les cor-
rige, une vaste ambition, de grands intérêts, et la cor-
ruption de la cour dans les tempéraments sensibles aux
amorces de la volupté. Il n'y eut point de son temps de
guerrier plus brave, et peu de capitaines surent mieux
la guerre. Il n'y fut pas toujours heureux ; mais, dans
ses disgrâces, loin de se plaindre inutilement de l'inconstance de la fortune, il sut mieux que nul homme du
monde l'art de se ménager des ressources, non-seule-
ment pour réparer ses pertes, mais pour les faire même
servir à l'avancement de ses desseins.

Il prévit bien le changement qui allait arriver dans sa
fortune ou dans celle de sa famille, quand le roi son
père mourut. Sa mère et ses frères étaient avec lui
dans le camp devant Gibraltar, ou, tout leur devenant
suspect, ils se retirèrent avec leurs amis en des places
de sûreté, dans lesquels ils espérèrent pouvoir conserver., malgré la faction dominante, assez de crédit
et de partisans pour se faire ménager en se faisant
craindre. Eléonore de Guzman s'alla renfermer dans
Médina-Sidonia, une des plus fortes places de l'Andalousie, dont le feu roi l'avait mise en possession. Le

comte de Trastamare se réfugia dans Algézire ; les grands-maîtres de Saint-Jacques et d'Alcantara, don Alphonse de Guzman et deux frères du nom de Ponce de Léon se retirèrent en d'autres forteresses de leur domaine. Tant de personnes puissantes ne croyaient pas qu'on pût sitôt lever assez de troupes pour les forcer en tant de différents endroits, surtout depuis que la meilleure partie de l'armée royale, qui avait assiégé Gibraltar, avait péri par la contagion. La haine de la reine contre sa rivale rendit ces mesures inutiles. Albuquerque la servit si bien et avec tant de diligence, que ni la mère ni les enfants ne purent se mettre en état de résister aux armes du roi, plutôt prêtes qu'ils ne l'avaient cru. Ainsi Eléonore fut obligée de se rendre à Séville à la suite de la cour, pour éviter les risques d'un siége dont elle était menacée. Don Henri ne put se dispenser de faire sa paix; ses frères et ses partisans furent réduits à se cacher ou à se soumettre.

A peine Eléonore de Huzman fut-elle à Séville, qu'elle fut arrêtée prisonnière, sans aucun égard pour ses enfants. En vain Henri, comte de Trastamare, tâcha d'obtenir du jeune roi la liberté de sa mère. La reine avait trop de crédit pour laisser échapper la victime qu'elle voulait immoler à sa vengeance. Le courageux comte,

2..

dans le désespoir où il était d'inspirer de la compassion, voulut encore une fois donner la crainte. Il avait fait demander en mariage la sœur de don Fernand Manuel, l'un des plus riches seigneurs de la cour à qui le sang royal de Castille donnait et beaucoup de relief et beaucoup de crédit parmi les grands. Le traité était fait, mais la mort du roi en avait retardé la conclusion, et l'on avait sujet de croire que le nouveau prince y mettrait obstacle. Pour éviter cet embarras, les futurs beaux-frères, cherchant à se faire un appui l'un de l'autre contre la faction dominante, de laquelle les grands, qui n'en étaient pas, commençaient à prendre ombrage, résolurent de célébrer le mariage à l'insu du roi. Aussitôt après, le comte de Trastamare devait se retirer avec sa femme en Asturie, d'où il pourrait tenir en bride, par l'inquiétude qu'il donnerait, ceux qui voudrait perdre sa mère. Le projet réussit d'abord. Quelque impatience qu'eût la reine de faire périr sa rivale, ou ne crut pas qu'il fût encore temps ; on l'envoya sous bonne garde au château de Talavéra ; mais la reine fut contrainte d'attendre une conjoncture plus favorable pour pousser plus loin la persécution.

Le roi cependant tomba malade, et fut quelque temps en si grand danger, que l'on parla assez hautement parmi les grands et parmi le peuple de lui chercher un successeur. Les uns nommaient Ferdinand d'Aragon, marquis de Tortose, comme le plus proche héritier, étant fils d'une tante du roi; les autres proposaient don Juan de Lara, comme Castillan naturel, et d'ailleurs issu par les femmes, aussi bien que Ferdinand, du sang royal; d'autres enfin voulaient don Ferdinand en ligne masculine et légitime du grand roi Ferdinand III. La convalescence du roi mit fin à ces discours imprudents, mais en matière de discours, la discrétion doit empêcher de les tenir; inutilement la prudence les fait cesser quand on les a tenus; les malintentionnés les révèlent, et les intéressés ne les pardonnent pas. L'ombrage qu'on prenait d'Albuquerque et de la puissance excessive où le faisait monter sa faveur, avait fait déclarer, durant la maladie du roi, bien des gens qui jusque-là avaient caché la jalousie que leur donnait ce favori, et il n'en fut que trop averti pour le repos de ses envieux.

Le roi sut tout ce qui s'était dit, les successeurs qu'on lui avait donnés, les projets que l'on avait faits pour réformer son gouvernement, s'il fût mort. Personne n'aime à voir par avance son héritage contesté de son vivant par ses héritiers; on trouve mauvais leur empressement, et on craint leur impatience; les rois, encore

plus délicats sur ce point que les autres hommes , en
sont enocre plus offensés ; et Pierre était plus suceptible
de ces ombrages qu'un autre roi. L'infant d'Aragon eut
moins de part au ressentiment qu'il en témoigna que les
deux seigneurs castillans, soit qu'il eût parlé plus modes-
tement, soit qu'étant étranger, on le craignait moins dans
un pays où il n'avait ni beaucoup de bien, ni un grand
nombre de partisans , étant toujours mal avec le roi
d'Aragon son frère, et faisant actuellement de nouveaux
préparatifs pour aller le troubler dans ses Etats. Manuel
et Lara ne s'aperçurent que trop tôt qu'ils étaient mal
dans l'esprit du prince castillan. La hauteur du ministre
envers eux, et leur chagrin contre lui en augmentè-
rent. Albuquerque les ménagea d'autant moins qu'il
s'était mis en état de peu craindre leur union avec
Henri, dont la mère , toujours captive, était à la cour
un ôtage ; que ses enfants, qui lui devaient tout, ne se
résoudraient jamais à sacrifier. Lara, esprit fier et bouil-
lant , ne put dissimuler son ressentiment , qu'autant de
temps qu'il lui en fallut pour quitter sûrement la cour.
Il se retira vers Burgos, où il avait des forteresses et
des amis fort attachés à sa personne et à sa maison. Il
ménageait un soulèvement, lorsqu'une mort inopinée
arrêta le cours de ses projets en tranchant le fil de ses

jours. Pour comble de bonheur, don Juan Manuel, que
la cour ne craignait pas moins, quoiqu'il fût plus lent
à agir, ne survécut guère à Lara. Le premier ne laissait
qu'une fille, qui mourut aussitôt après le second, un fils
au berceau, et deux filles dont le roi en était maître.

Deux événements si heureux causèrent une grande
joie au ministre, qui se vit délivré par là de deux de ses
plus puissants ennemis. La reine n'en ressentit pas
moins, dans l'espérance que le parti d'Eléonore et de
ses enfants, perdant deux si puissants appuis, ne serait
plus assez redoutable pour être un obstacle à sa vengeance. Elle attendit néanmoins que le roi, son fils, fût
parti de Séville pour aller se mettre en possession des
terres de la maison de Lara et de don Juan Manuel,
qu'il regardait comme dévolues à la couronne, par leur
mort. Ce fut dans ce voyage que la reine demanda enfin
au roi son fils la tête d'Eléonore de Guzman, et qu'elle
fit goûter la première fois le plaisir de verser du sang
humain à ce jeune tigre, qui s'y accoutuma tellement,
qu'il en fut toute sa vie altéré. L'infortunée Eléonore
perdit la vie à Talavéra par ordre du roi, et à la requête
de son impitoyable mère. Talavéra appartenait à Eléonore, la reine en eut la confiscation, et c'est par cet

aventure qu'on a donne à cette ville le nom de Talavéra de la reine.

Depuis ce premier meurtre , le cruel Pierre sembla s'être entièrement dépouillé de ce sentiment naturel qui donne aux hommes horreur du sang. A peine fut-il à Burgos , qu'il fit massacrer , dans son palais , Garcie Lasso de la Véga , Andélanto de Castille , et , avec lui, plusieurs bourgeois que leur attachement à Lara rendait suspects d'avoir trempé dans son projet de rébellion. On cherchait le fils de Lara , mais le courage de sa gou-- vernante lui conserva la liberté, et lui sauva peut-être la vie, l'ayant emmené en Biscaye , où il pouvait trouver de l'appui. Une mort prématurée épargna à son enfance les persécutions de l'avare roi , qui se disposait à le sui- vre, et qui s'empara de ses biens comme de ceux de don Juan Manuel.

Si la faction des bâtards fut affaiblie par la mort de ces deux hommes qui se disposaient à les seconder, la colère leur donna de nouvelles forces. Les partisans même des deux morts y attirèrent un grand nombre de seigneurs, qui, craignant le sort de Véga, levèrent l'éten- dard en Andalousie, pendant qu'Henri, comte de Trans- tamare, tâchait de soulever l'Asturie. Don Tello, de son côté, secondait l'animosité du comte dans les places

frontières voisines du roi d'Aragon , qui était toujours
mécontent de l'appui que ses frères trouvaient en Castille , et du secours qu'ils en tiraient pour l'inquiéter
par des tentatives qui ne leur réussissaient point, mais
qui ne laissaient pas d'entretenir toujours quelques
troubles dans ses États.

Ainsi l'on vit le feu s'allumer en divers endroits de
l'Espagne , et cet incendie menaçait d'envelopper le
Castillan. On crut qu'un jeune roi , déjà haï de la plupart de ses sujets, aurait de la peine à l'éteindre. Ce fut
là qu'on reconnut que, si ce prince fût né bon , comme
il était né courageux, peu de rois l'eussent égalé. On
regretta , à cette occasion, qu'un grand talent pour la
guerre fût déshonoré par des vices si funestes au peuple
durant la paix. Pierre parut presque en même temps
aux portes de Gijon en Asturie , où il força le comte de
Trastamare à se ménager pour la seconde fois une
amnistie en se soumettant ; et à Montagudo, vers
l'Aragon, où il obligea don Tello de se retirer hors du
royaume, et d'employer l'Aragonais à faire son accommodement à l'occasion de celui que ménagea le Castillan
entre ce roi et ses frères. On le vit bientôt en Andalousie, ou il assiégea don Alphonse Fernandes Coronel ,
chef des rebelles de ce pays-là, dans Anguilar, qui tin

quatre mois. Il possédait cette place par la faveur du feu
roi, qui lui en avait accordé l'investiture, en récompense
de son zèle et de sa fidélité. Alphonse avait envoyé en
Afrique don Juan de la Cerda , son gendre, pour lui en
amener du secours; mais don Juan n'ayant pas trouvé
les Africains disposés à lui en accorder, s'était retiré en
Portugal. La négociation de Coronel ne fut pas plus
heureuse auprès du roi de Grenade. Ce prince infidèle lui refusa le secours qu'il demandait, sous prétexte
que la trève conclue entre lui et le roi de Castille n'était
pas expirée.

Cependant Aguilar fut forcé , malgré la vigoureuse
résistance des assiégés. Coronel entendait la messe
lorsqu'on lui apporta la nouvelle que l'armée royale
entrait dans la ville; il attendit, sans s'émouvoir, qu'on
eût achevé le sacrifice. Puis s'étant enfermé dans une
tour de sa forteresse avec quelques-uns des siens, il
fut forcé, pris, condamné, et puni du dernier supplice ;
cinq autres seigneurs compagnons de sa révolte, qui
furent pris avec lui, eurent le même sort, et perdirent
la tête sur un échafaud. Le roi ordonna que la ville fût
démantelée, mais il pardonna aux habitants, et se contenta de la punition des principaux chefs. La Cerda
ayant rencontré heureusement en Portugal don Juan

d'Albuquerque, envoyé par le roi en cette cour pour y faire quelque traité , revint avec lui , et obtint son pardon par son entremise.

Albuquerque avait jusqu'alors conduit ses affaires et celles de son maître avec une dextérité qui semblait les mettre tous deux à couvert de tout ce qui peut donner atteinte à l'autorité d'un roi et à la fortune d'un favori ; mais à peine fut-il parvenu à ce point de prospérité où l'on se croit au-dessus des orages, qu'il reconnut que la politique qui emploie le crime avec la vertu rend souvent la vertu inutile, et ne recueille que le fruit du crime. Connaissant le penchant du roi , autant porté aux plus coupables plaisirs qu'à la cruauté et au sang, il lui avait lâché la bride , quand son ambition et son intérêt avaient eu besoin de cette condescendance pour le conduire où il aspirait. Il n'y fut pas plus tôt arrivé , que prenant un chemin contraire , et plus conforme à ses sentiments droits d'eux-mêmes et vertueux, il n'omit rien pour corriger les vices d'un tempérament qu'il avait contribué à corrompre. Ce fut trop tard, il n'était plus temps de redresser le pli d'un homme qui faisait tout plier sous lui.

Il y avait déjà longtemps qu'en ayant conféré avec la reine aux États tenus à Valladolid, il avait été résolu,

de concert avec don Vasco, évêque de Valence, et
grand chancelier du royaume, qu'on enverrait demander
en France une des six princesses filles de Pierre Ier,
duc de Bourbon. Don Juan de Royas, évêque de Burgos, et don Alvare Garcie d'Albornoz avaient été choisis pour cette ambassade. Le duc de Bourbon accepta
avec joie la demande que le roi de Castille lui faisait de
son alliance ; on avait accordé aux ambassadeurs Blanche, l'aînée des six princesses et cadette de Jeanne,
reine de France, femme de Charles V. Blanche était
une princesse accomplie, d'une grande beauté, d'une
humeur aimable, et qui, à une vertu sévère joignait une
douceur charmante. Alphonse d'Albuquerque ne douta
point, sur le portrait qu'on lui en fit, que ce ne fût un
remède sûr pour guérir le mal qu'il avait fait, et que
sa conscience et sa politique lui reprochaient également.

L'arrivée de la reine, amenée en Espagne par le
vicomte de Narbonne, l'an 1353, lui causa de la joie ;
mais bientôt il fut attristé et sentit renaître ses craintes
par l'embarras où se trouva le roi quand il fut question
des noces. Blanche était à Valladolid, où devait se faire
la cérémonie, et la répugnance que le roi témoignait à
ce mariage, l'empêchait encore de se résoudre à le

conclure. La reine-mère l'en pressait ; Albuquerque lui représentait les qualités que toute l'Espagne voyait avec admiration dans celle qu'on lui destinait pour épouse. Il alléguait les raisons d'honneur, de politique, de conscience, les plus propres à frapper le prince et lui dessiller les yeux. Quelquefois même il élevait la voix avec ce ton d'empire qu'il avait pris étant gouverneur, et auquel le roi ne l'avait pas encore tout-à-fait désaccoutumé. Pierre avait trop d'esprit pour ne pas voir ce que la raison voulait qu'il fît ; mais il ne pouvait s'y déterminer.

La cour était à Torjios, près de Tolède. Il y avait été blessé à la main dans un tournoi, et sa blessure avait été dangereuse. Il en était néanmoins guéri, mais la plaie qu'il portait au cœur ne guérissait point. Un reste de honte l'obligea de partir pour Valladolid, où se fit sans beaucoup de pompe son mariage, plus semblable à des funérailles qu'à une noce. Il n'y demeura pas longtemps. A peine la cérémonie était faite, qu'il prit secrètement des mesures pour quitter la nouvelle reine.

Cependant les deux reines espagnoles, encouragées par Albuquerque, ne cessaient d'écrire et de négocier pour faire rentrer le roi en lui-même, et l'obliger de

retourner prendre son épouse à Valladolid. Ils gagnèrent
sur lui de venir la voir ; mais à peine eût-il passé déux
jours avec la jeune reine , que , ne pouvant plus sur-
monter l'aversion qu'il avait pour elle, il la quitta ; et,
dans ce temps, on eût dit qu'il eût oublié son mariage ,
si les mauvais traitements qu'il fit à Blanche n'eussent
montré qu'il s'en souvenait.

III

Depuis que le cruel monarque eut dépouillé ce qui lui restait de sentiments d'humanité , en traitant une princesse illustre comme la plus vile coupable , il ne ménagea plus aucun de ceux qui ne flattèrent pas ses dérèglements. Don Alphonse Albuquerque, qu'il avait aimé tant qu'il les avait fomentés, devint l'objet de sa fureur, dès que, par un repentir louable, il avait voulu y mettre une digue. Il commença par déposer ceux que ce ministre avait mis dans les charges, qu'il remplit de tous les Padilles et de ceux qui leur étaient attachés. La Maison de Mendoze, une des plus anciennes d'Espagne, doit son élévation à la liaison que forma avec eux don Pierre

Gonzalve, qui en était issu. Les frères naturels et don Juan de la Cerda, que les Padilles voulurent gagner profitèrent de leur faveur, en attendant l'occasion de les détruire. Le prince don Tello épousa, par leur moyen, une des héritières de Lara, qui lui porta en dot la Biscaye. Le comte de Trastamare son frère, le grand-maître de saint Jacques, don Juan de la Cerda et leurs amis, eurent des emplois honorables. On poursuivit cependant Albuquerque, ses créatures et ses partisans. Le grand-maître de Calatrava, don Juan Nugnès de Prado, qui s'était retiré à Aragon, était revenu à Almagro, la principale ville de l'ordre, sur des lettres que le roi de Castille lui avait écrites. On le croyait en sûreté, lorsqu'on apprit qu'ayant été renfermé dans une étroite prison, il avait été massacré dans la forteresse de Maquéda. Don Juan de la Cerda, qui était alors dans les bonnes grâces du roi, fut le lâche ministre de sa cruauté. Don Pierre en témoigna du chagrin, comme si cette exécution eût été faite sans son ordre ; mais le peu de soins qu'on prit de poursuivre les auteurs de ce meurtre, confirma les justes soupçons des grands et du peuple.

Le seul grief du roi de Castille contre don Nugnès de Prado fut le zèle qu'il fit paraître pour les intérêts d'Alphonse d'Albuquerque, et surtout de la reine Blanche. Cependant les troupes de Pierre assiégeaient partout les maisons du ministre disgracié, qu'on accusait de péculat, et que l'on envoya citer jusque dans la cour du Portugal à venir comparaître en Castille, pour répondre aux accusations que l'on y intentait contre lui. Ceux qui firent cette citation, prièrent en même temps le roi de Portugal de leur mettre entre les mains don Alphonse d'Albuquerque; mais ce prince s'en excusa, et don Alphonse répondit, après avoir offert un cartel à quiconque osait l'accuser, qu'il était prêt à rendre ses comptes, pourvu que ce fût sans sortir de son asile. On prenait ses places et l'on s'emparait de ses biens, sans qu'il vît aucune apparence de pouvoir arrêter le torrent qui détruisait sa fortune, lorsque, contre son espérance, il se vit ouvrir une voie par où il crut réparer ses pertes et se venger de ses ennemis. Le roi était allé en Andalousie, d'où il avait envoyé ordre d'assiéger la forteresse d'Albuquerque, assez proche de Badajos. On n'avait pu prendre Albuquerque, et l'on craignait que la garnison qui l'avait si bien défendue ne s'emparât de Badajos quand le roi, que d'autres affaires obligeaient de retourner en Castille, ne serait plus sur les lieux.

Pour suppléer à sa présence, il avait laissé dans cette ville le comte de Trastamare et le prince Frédéric, grand-maître de Saint-Jacques. C'est imprudemment qu'on se fie à ceux qu'on a beaucoup offensé. Ces deux seigneurs n'avaient pu oublier l'injure qu'on leur avait faite dans la personne de leur mère. Le peu de ménagement qu'on avait pour ceux qui n'étaient pas dévoués à toutes les passions du roi leur faisait craindre qu'en ontribuant à affermir l'autorité d'un prince sans modération, et la puissance d'une femme impérieuse, ils n'en fussent, à leur tour, la victime. Peut-être qu'Henri pensait déjà qu'étant fils d'Alphonse XI, il ne lui serait pas impossible que la couronne, venant à tomber de dessus la tête d'un roi qui faisait tout ce qu'il fallait pour s'attirer sur les bras la France, qui s'aliénait la Castille, et ne ménageait pas trop l'Aragon, il ne se trouvât à portée de profiter de sa ruine.

Dans ces vues, les deux frères résolurent de se réconcilier avec Albuquerque, et de se lier avec lui contre le nouveau gouvernement. Le voisinage du Portugal favorisait la négociation; ils députèrent un homme affidé, qui alla trouver Albuquerque, et l'attira à une conférence, entre Badajoz et Elvas, où se virent ces trois seigneurs. Ils ne traitèrent pas long-temps sans s'en-

tendre, chacun en avait ses motifs secrets; mais celui
qui parut à tous le meilleur à donner au public, fut
l'injuste oppression de la reine, et les maux qu'en souf-
frait l'État. On se sépara pour se faire des partisans,
et on y réussit assez. Dans ces commencements néanmoins, cette ligue n'était pas encore assez forte pour se
déclarer; on essaya d'y attirer don Pèdre, prince de
Portugal, par l'espérance qu'on lui donnait que, sor-
tant du sang de Castille, il lui serait aisé de joindre les
deux couronnes sur sa tête.

Le roi son père ne voulut pas qu'il s'engageât dans
cette guerre; mais, au défaut de cet ennemi, le Castillan
s'en fit lui-même un autre qui le remplaça. Il avait
outragé la sœur de don Fernand de Castro; celui-ci
ne put souffrir l'affront fait à sa famille. Il en méditait la
vengeance, lorsqu'il apprit qu'il se tramait entre Albuquerque et les frères du roi une ligue contre ce prince,
pour réprimer ses dérèglements. Il ne délibéra pas long-
temps sur le parti qu'il avait à prendre, et la ligue se
déclara avec d'autant plus de chaleur que les villes de
Cordoue, de Tolède, de Gaën, de Cueçan, de Talavéra, parurent disposées à se soulever. Bientôt les enfants d'Aragon, jusque-là attachés au roi, entrèrent
ouvertement dans ce parti; don Juan de La Cerda les

suivit, et il n'y eut pas jusqu'aux reines douairières de
Castille et d'Aragon qui ne le favorisassent sous main,
tant l'Espagne entière avait en horreur la conduite de
ce mauvais roi. Il se soutint, à son ordinaire, en homme
courageux et en grand guerrier ; et, s'il eût usé de ses
avantages avec quelque modération, s'il n'eût point ôté
aux rebelles toute espérance de pardon, s'il n'eût versé
de sang qu'à la guerre, il se vit plus d'une fois en état
de la finir avec honneur, et de faire plier sous ses lois
des gens que son courage eût lassés, pour peu que sa
clémence eût laissé d'ouverture à la réconciliation ; mais
si sa valeur le fit souvent vaincre, sa cruauté lui fit toujours perdre le fruit de sa valeur.

Pierre n'eut pas plutôt entendu le bruit des armes que
les ligués avaient prises contre lui, qu'il résolut la perte
de l'infortunée reine Blanche, parce qu'elle était l'occasion innocente des complots qui se formaient contre
sa personne. Comme il n'était pas encore informé de ce
qui se tramait à Tolède, il la fit conduire dans cette ville
avec ordre de l'enfermer dans le château. Cependant,
sans perdre de temps, il allait assiéger Segura, dont le
grand maître s'était emparé pour les ligués, lorsqu'il
apprit qu'à l'arrivée de la reine sa femme à Tolède, cette
ville s'était déclarée pour elle ; que cette princesse, ayant

passé devant la cathédrale pour aller au château, avait obtenu de son conducteur de descendre dans cette église pour y faire sa prière ; qu'elle y avait voulu demeurer ; qu'elle avait embrassé les autels comme l'asile de son innocence ; que les bourgeois, touchés de ses malheurs, avaient pris les armes pour l'y défendre, et avaient appelé le grand-maître don Frédéric pour les commander.

Le roi avait trop peu de troupes pour pouvoir assiéger Tolède, et l'entreprise de Ségura n'était pas assez décisive pour y occuper son armée dans la conjoncture présente. Ainsi il rebroussa chemin, vint à Ocagna, où, se suivant toujours lui-même, il fit élire d'autorité, en la place du prince don Frédéric, son frère, don Juan de Padilla, grand-maître de Saint-Jacques, quoiqu'il fût marié, chose jusque-là sans exemple, et qui passa depuis en usage, sans égard pour les anciennes constitutions de l'ordre. De là le roi vint à Tordésillas, où était la reine sa mère, dans le dessein d'aller grossir ses troupes du côté de Burgos. Mais, lorsqu'il s'y attendait le moins, il fut investi par celles des confédérés, que les seigneurs qui les commandaient avaient dispersées aux environs jusqu'à ce qu'il se présentât une occasion de les assembler à propos.

3.

Le comte de Transtamare, Albuquerque, la reine, et les infants d'Aragon don Fernand de Castro, don Guttière de Tolède, et un grand nombre d'autres seigneurs, étaient à la tête de l'armée liguée. La reine d'Aragon n'y paraissait faire que l'office de médiatrice. On la pria de se charger d'aller faire au roi des propositions que la plus grande partie jugeait bien qu'il n'était pas homme à accepter. Ces propositions se réduisaient à obliger ce prince de bannir pour toujours Padilla, d'éloigner des charges ses parents, de rappeler la reine sa femme. On l'assurait que, s'il voulait donner à ses peuples cette satisfaction, nécessaire à sa gloire et à leurs repos, il trouverait dans les ligués toute la soumission qu'il pouvait attendre de sujets fidèles et affectionnés; qu'autrement ils ne croyaient pas pouvoir en honneur se dispenser de prendre les armes pour le bien commun du royaume, pour défendre l'innocence d'une princesse dont ils connaissaient la vertu, pour le salut de leur patrie, et pour le délivrer lui-même de l'indigne captivité où le tenaient les tyrans publics. L'ambassade fut mal reçue, et il ne fallait rien moins qu'une reine pour mettre à couvert le droit des gens.

Le roi ne le pardonna jamais à sa tante, la reine d'Aragon, et peu s'en fallut que dès-lors elle n'éprou-

vât les effets de la colère de ce prince féroce. Il était
toujours bloqué cependant, et n'avait que fort peu de
troupes; mais il trouva moyen d'échapper et de faire
sans risque, avec un peu d'art, ce qu'il était trop dangereux de vouloir tenter par la force. La reine-mère se
retira à Toro, et les ligués ne s'aperçurent de l'évasion
du roi que quand il ne fut plus temps de l'empêcher.
N'ayant pu se saisir de sa personne, ils allèrent attaquer
les villes qui tenaient encore pour lui. Ils manquèrent
Valladolid, mais ils prirent Médina del Campo, où se
trouvant tous rassemblés par l'arrivée du grand-maître
de Saint-Jacques, qui était venu de Tolède pour conférer avec les autres, ils apprirent, par la mort inopinée
de don Juan Alphonse d'Albuquerque, que la cour avait
d'autres armes pour les détruire que l'épée. Ce seigneur
mourut du poison que lui donna un médecin romain
qu'on avait corrompu par argent. Sa mémoire fut en
vénération aux peuples qui, peu de temps auparavant,
le regardaient avec horreur comme l'auteur de tous les
maux. Il avait mérité les malheurs dont la fin de sa vie
fut traversée; mais la cause de sa disgrâce avait assez
expié les fautes que la prospérité lui avait fait commettre. Il ordonna en mourant qu'on n'enterrât point son
corps que l'on n'eût rétabli la reine, et chassé ceux qui

troublaient l'État, comme on se l'était proposé ; et les confédérés jurèrent l'exécution de ce testament.

Ils crurent être quittes de leur serment, lorsqu'après quelques conférences dans un village près de Toro, le roi les eut endormis par des promesses spécieuses qu'il était résolu de ne pas tenir. Mais ils ne tardèrent pas à se convaincre que le roi ne cherchait qu'à les tromper, lorsqu'ils le virent reprendre le chemin de Toro, où Marie Padilla, la cause principale de tous les troubles, l'attendait avec inquiétude.

La reine douairière de Castille fut outrée de cette nouvelle démarche. Elle conçut que le mauvais caractère du roi son fils ne lui laissait plus aucune espérance de retour. Elle envoya donc inviter les principaux seigneurs ligués à se rendre incessamment dans la ville de Toro, où elle se trouvait alors, et leur livra cette place dont ils se rendirent maître avant l'arrivée du roi de Castille. Ce prince en était parti depuis peu. A la nouvelle de ce qui venait de se passer, il appréhenda un soulèvement général. Pour prévenir des suites si funestes, il retourna aussitôt à Toro et se rendit chez la reine sa mère accompagné de don Juan Fernandès de Hinestrosa, oncle de Marie Padilla, et d'un Juif nommé Samuel Levi, qu'il avait fait son grand trésorier ou surintendant de ses finances. Ces deux hommes avaient la plus grande part à sa confidence, et gouvernaient le royaume avec une autorité presque absolue. La reine-mère reçut son fils avec de grandes démonstrations de tendresse; mais elle s'assura de sa personne, changea, de concert avec les seigneurs ligués, les officiers de sa maison, chassa de la cour les Padilles, et donna les premières charges aux chefs du parti opposé.

Le roi, prisonnier dans sa propre cour, n'avait plus qu'une vaine ombre d'autorité. Sous prétexte de lui faire honneur, on l'accompagnait partout, et il n'avait pas la liberté d'être un moment seul. La nécessité obligea Pierre à contraindre son tempérament emporté. Il dissimula cette fois; et cette dissimulation, jointe aux promesses, ayant touché quelques seigneurs qui n'étaient engagés dans l'affaire que parce qu'ils croyaient y trouver leur intérêt, et qui se flattaient de le trouver encore plus sûrement à gagner le roi, favorisèrent son évasion, que la liberté qu'il avait de se divertir à la chasse rendit facile à lui et à eux. On fut étonné que don Tello eût quitté ses frères pour le suivre, et plus encore quand on apprit qu'étant de garde ce jour-là pour empêcher qu'il ne s'écartât du lieu qu'on lui avait marqué pour chasser, il avait lui-même ménagé sa retraite.

Les autres chefs de la ligue reconnurent trop tard leur
imprudence ; ils avaient cru le roi changé , ils l'avaient
gardé négligemment , ils avaient fait rendre au corps
d'Albuquerque les honneurs de la sépulture. Ils furent
bien surpris lorsque le roi, s'étant retiré à Ségovie,
indiqua les Etats à Burgos. Aussitôt qu'il fut libre , il
parut fier; on le craignit, et, quand il était craint, il
l'était beaucoup plus qu'un autre. La ligue en fut décon-
certée. Plusieurs cherchèrent à faire leur paix , et quoiqu'une paix ne fût pas sûre avec un prince qui n'ou-
bliait les injures qu'autant de temps qu'il en fallait pour
s'en venger plus à propos , le péril présent fit risquer le
futur. La reine d'Aragon et ses fils se retirèrent d'abord
à Roa , ville dont elle avait obtenu la souveraineté du
roi de Castille pendant qu'il était comme retenu prisonnier au milieu de ses courtisans. Ils s'y fortifièrent , et,
s'étant mis en état de ne recevoir la loi de personne, ils
surent, du lieu de leur retraite, ménager leur réconciliation avec le roi leur cousin, après quoi ils allèrent le
trouver à Burgos. Don Juan de La Cerda prit le même
parti, et se rendit à Ségovie auprès de don Pierre ; don
Fernand de Castro se retira de Gallice, pays originaire
de sa maison, et peu de temps après , ayant fait sa
paix , il s'attacha tellement au roi, qu'il devint son

meilleur ami, et ne l'abandonna qu'à la mort. La reine-
mère, don Henri, comte de Trastamare, et le grand-
prieur de Saint-Jacques, se trouvèrent presque les seuls
à soutenir les restes chancelants de la confédération, à
laquelle revint néanmoins don Tello peu de temps après.
Celui-ci n'avait pas recueilli tout le fruit qu'il avait espéré
de sa désertion : il quitta aussi aisément le roi qu'il avait
abandonné la ligue, avec laquelle il se réconcilia. Puis
il se retira en Biscaye pour appuyer son parti de ce
côté-là.

Le roi cependant était maître à Burgos, où, s'étant
plaint aux Etats du royaume de l'insolence de ceux qui
s'étaient ligués contre lui ; et qui avaient comblé ce
crime par un attentat sur sa liberté, il obtint de l'argent
pour payer ses troupes et pour en lever de nouvelles.
Quand il eut congédié l'assemblée et formé une armée
complète, après avoir fait tomber la tête de don Ruis
de Villégas, grand sénéchal ou gouverneur de Castille,
et à don Ruis Sanche de Rojas, tous deux personnes de
qualité qui lui étaient devenues suspectes, il résolut de
commencer ses expéditions militaires par la soumission
de Tolède, où une partie des habitants étaient déjà
gagnés pour lui. Le comte de Transtamare et le grand-
maître, instruits de son dessein, le prévinrent et arri-

vèrent à Tolède avant lui avec quelques troupes liguées
qu'ils assemblèrent à Talavéra. Ils eurent de la peine à
entrer : les Tolédains du parti du roi les arrêtèrent au
pont de Saint-Martin ; mais ils furent admis par ceux
qui tenaient encore pour la reine à la porte d'Alcantara.
Ils n'y avaient pas demeuré long-temps que le roi parut
avec son armée. Les efforts que fit son parti lui facili-
tèrent l'entrée de la ville ; les forces des ligués devinrent
alors beaucoup inférieures à celles du prince. Heureusement, le comte et le grand-maître s'échappèrent pour
ne pas s'exposer à sa vengeance. La reine seule , sans
défense et sans protecteurs , demeura abandonnée à la
fureur de son tyran. Il l'envoya à Siguença, dans une
prison encore plus étroite que celles où elle avait été
confinée jusqu'alors , il punit ceux que la compassion de
ses malheurs lui avaient attachés. Don Pèdre Barroso ,
citoyen de Tolède et évêque de Siguença, l'un des bons
canonistes de son temps, fut arrêté malgré son caractère,
et ne sortit de captivité que par l'autorité d'un légat inutilement envoyé pour pacifier les troubles de Castille,
et pour obliger le roi à vivre avec sa femme en bon époux.
On fit mourir quelques gentilshommes et avec eux vingt-
deux bourgeois, parmi lesquels le fils d'un orfèvre , âgé
d'environ dix-huit ans , s'offrit, par un courage au-

dessus de sa condition, à souffrir la mort pour son père,
qui en avait environ quatre-vingts. Le barbare roi accepta
l'offre , et ne fut point touché de cet exemple d'une
piété qu'il ne connaissait pas.

Tolède étant ainsi soumise, Pierre crut que Cuença ne
tiendrait pas : mais la situation de la place , d'ailleurs
bien fortifiée et bien défendue, lui fit juger que le temps
qu'il emploierait à l'assiéger serait plus utilement employé
à forcer les chefs de la ligue qui étaient rassemblés dans
Tore; il y marcha en diligence, et l'attaqua vigoureuse-
ment. On s'y défendit bien ; mais que peut contre la
puissance royale une troupe de particuliers que le châtiment intimide, et qu'aucune récompense n'anime ? La
reine, parce qu'elle était mère, se croyant plus à couvert
que les autres de la colère de son fils , et ne faisant pas
réflexion qu'elle était mère d'un nouveau Néron ,
s'obstina à pousser la défense jusqu'à la dernière extrémité. Henri et Fréderic son frère, qui risquaient tout, et
qui d'ailleurs n'avaient pas sujet de sacrifier leur vie
pour une princesse qui s'était sacrifiée à elle-même
celle dont ils l'avaient reçue , crurent, après une résistance qui ne leur attirait point de secours, avoir satisfait
à leur gloire, et résolurent, l'un de faire la paix , l'autre

d'aller attendre ailleurs une nouvelle occasion de faire la
guerre.

Le roi avait frayé le chemin de la réconciliation au
grand-maître , n'ayant point voulu qu'on donnât un successeur à don Juan de Padilla , tué depuis peu dans un
combat. Don Frédéric, attiré par cette amorce , et trouvant un grand avantage à être grand-maître sans concurrent, ferma les yeux sur l'avenir, fit demander un sauf-
conduit, alla trouver le roi et en fut bien reçu. Henri ,
qui avait des vues plus profondes, jugea que Pierre , du
caractère dont il était , se ferait assez d'ennemis pour
n'être pas long-temps sans guerre. Il passa les Monts, et
revint en France , d'où il espéra que les traitements
qu'on faisait à Blanche de Bourbon de Castille y attire-
raient bientôt un nouvel orage , et s'attacha, pour en
profiter , au service du roi Jean. Il ne se trompa que sur
le temps. La bataille de Poitiers , où il se trouva et où il
signala sa valeur , mit la France pour plusieurs années
hors d'état de penser à autre chose qu'à réparer ce qu'elle
y avait perdu. Le roi y avait été pris ; Pierre de Bourbon, père de Blanche, y avait péri avec la fleur des princes et de la noblesse française ; et , pour comble de
malheur, le dauphin ne se fût pas plus tôt mis en devoir
de sauver les débris du royaume après le naufrage du

roi, qu'il vit ses desseins traversés par Charles-le-Mau-
vais, roi de Navarre, qui lui causa mille embarras.
Mais si Henri ne put si tôt profiter du ressentiment
qu'avaient les Français de l'outrage fait en Castille au
sang de France, un autre ennemi que s'attira imprudemment l'inquiet don Pierre, prépara les voies aux
Français pour aller, en son temps, mettre Henri sur le
trône de Castille.

Ce seigneur et le grand-maître son frère ayant abandonné Toro, la reine-mère fut trahie par un bourgeois
qui gardait une porte, et qui, l'ayant ouverte au roi,
le rendit bientôt maître de la ville. Ce prince, accourant
au palais, fit massacrer, sous les yeux de sa mère, don
Pèdre Estevanez Castanéda, Carpintero, don Ruiz Gon-
zalez Castanéda, et les plus considérables de ses partisans.
Elle ne put soutenir ce spectacle, et tomba évanouie. On
crut qu'elle allait expirer de colère ou de frayeur; et,
quand elle fut revenue, ne pouvant plus vivre en Castille, elle se retira en Portugal.

Elle ne changea point de mœurs pour avoir changé de
pays; en Portugal, comme en Castille, elle contracta
des attachements qui éclatèrent à son déshonneur, e
portèrent le Portugal, don Pèdre, son propre frère, à la
faire mourir par le poison. Quelques-uns même ont

attribué la mort violente de cette reine au roi Alphonse, son père. De quelque main que soit morte Marie de Portugal, reine douairière de Castille, elle mourut par un crime qui servit au ciel d'instrument pour punir les siens. Sa fin doit apprendre aux pères et aux mères, qu'inutilement ils s'efforcent de corriger dans leurs enfants les vices dont ils leur donnent l'exemple.

La prise de Toro fut bientôt suivie de la soumission des autres villes liguées, et de la dissipation de la ligue qui n'avait plus de chefs que don Tello, qui après l'avoir soutenue quelque temps avec avantage en Biscaye, fit son traité avec le roi don Pèdre.

Toute l'Espagne allait être en paix, si le turbulent roi de Castille eût pu en laisser jouir ses sujets, ne point troubler celle de ses voisins, et se la donner à lui-même. Louis d'Evreux maintenait la tranquillité en Navarre, pendant que le roi de Navarre son frère était en France pour la troubler. Alphonse IV, roi de Portugal, et le prince don Pèdre son fils, aimaient le repos l'un et l'autre. Les Maures de Grenade, vassaux de Castille, n'étant plus soutenus des Africains, extrêmement divisés entre eux, et n'ayant presque plus rien en Espagne, payaient tranquillement le tribut, et se mêlaient peu des querelles qui naissaient entre les chrétiens. Les armes d'Aragon

ne troublaient que la mer, où les démêlés du roi avec
les Génois, pour les îles de Sardaigne et de Corse,
avaient excité de grands orages ; mais dont le corps de
la monarchie était assez à couvert. Ce prince, s'étant
ligué avec les Vénitiens, avait soutenu cette guerre
parmi divers évènements, sans rien risquer de grave
pour le repos de ses Etats. Il s'était donné une bataille
à la vue de Constantinople, où l'empereur Jean Paléolo-
gue, ennemi juré des Génois, s'était joint, pour les
accabler, aux Aragonnais et aux Vénitiens. La valeur
des Génois, commandés par Marin Grimaldi, leur avait
fait remporter la victoire, quoiqu'en dise l'histoire espagnole, qui l'attribue faussement aux siens : celle de
Venise est plus sincère. Les confédérés avaient gagné,
l'année d'après, une autre bataille, dont le succès ne
leur est point contesté. Don Bernard de Cabréra, l'un
des grands hommes qu'ait eu la monarchie d'Aragon,
soit pour la politique, soit pour la guerre, commandait la
flotte de sa nation ; les Doria cependant continuaient
à faire la guerre en Sardaigne, et les Arborca s'étaient
joints à eux. La conquête était en danger, si ce même
général n'eût passé dans l'île, où il avait défait les
ennemis. Ils s'étaient pourtant encore soutenus, et
avaient assez réparé leurs pertes, lorsque le roi, ayant

mené une nouvelle armée en personne, les avait réduits
à traiter, contraint à la vérité lui-même, par la maladie
contagieuse qui s'était mise dans ses troupes, d'en venir
à une négociation qui n'avait pas assez solidement établi
la paix. La faction génoise, quoique soumise, demeura
encore trop puissante pour ne plus tenter l'indépendance ; mais au moins il avait mis l'île en état d'être secou-
rue plus aisément et à moindre frais , en cas que la faction génoise y causât de nouveaux mouvements. Du
reste , il était maître chez lui, ses deux frères étant demeurés attachés à la cour de Castille, où ils entrete-
naient le trouble.

Le repos d'Aragon se perpétuait par les troubles
domestiques de Castille. L'ardent Castillan n'eut pas
plus tôt dompté ses sujets rebelles , que fier du succès
de ses armes, sur une assez médiocre offense, il déclara
la guerre à l'Aragonnais , qui, n'étant pas moins fier
que lui , ne fit pas toutes les démarches qu'il eût dû
faire pour l'éviter. Ces deux princes n'étaient en paix
que parce que, jusqu'au temps dont je parle , ils n'a-
vaient été en état ni l'un ni l'autre de faire la guerre.
Ils se regardaient avec jalousie , et insensiblement la
jalousie avait dégénéré en haine. Ils faisaient, par nécessité, des traités publics de paix, et se faisaient sous

main par envie, aux combats et aux siéges prêts, tout le mal qu'on se faisait en guerre. Tous les rebelles de Castille trouvaient un asile en Aragon, et ceux d'Aragon en Castille.

IV

Depuis l'accommodement de l'Aragonnais avec les deux infants ses frères, l'aîné, poussé par le Castillan, avait mis garnison dans Alicante et dans Orighuela, qui étaient de son apanage, mais de la domination d'Aragon. L'Aragonnais, en revanche, avait empêché, dans une famine dont l'Andalousie avait presque été désolée, que l'on n'y transportât des blés.

Par ces offenses mutuelles, et d'autres à peu près semblables, l'esprit des deux rois était déjà aigri ; une aventure imprévue acheva de les irriter l'un contre l'autre, et alluma entre eux une guerre, dont l'évènement parut un effet d'autant plus visible d'une cause su-

périeure, qu'il attira sur le plus fort les malheurs que
l'on avait cru devoir tomber sur le plus faible. Elle fut
vive et meurtrière. Pendant huit ans qu'elle dura ce ne
fut que combats, que la rigueur des plus rudes hivers
obligea rarement d'interrompre. Elle commença en
l'année 1356. Voici quelle en fut l'occasion. Le roi de
Castille était à Séville dans la saison où l'on pêche le
thon. Il avait voulu voir cette pêche, dont les habitants
du pays tirent un grand profit, et la considérait d'une
galère qu'on lui avait préparé exprès à son lucar de
Baraméda, lorsqu'une flotte catalane, qui avait passé le
détroit pour venir au secours du roi de France contre
les Anglais, vint à paraître inopinément. Don François
Perillos, qui la commandait, s'étant avancé pour reconnaître le port, y vit deux galères génoises, qu'il fit attaquer brusquement, et qu'il enleva à la vue du roi de
Castille. Ce prince, irrité de cette insolence, après en
avoir inutilement fait demander satisfaction à cet officier du roi d'Aragon, envoya don Gilles Velasquez en
faire ses plaintes au maître même. La plainte était
juste, et l'Aragonnais, d'ailleurs assez peu en état de
s'engager dans une guerre à laquelle il ne s'attendait
pas, répondit d'abord à l'ambassadeur avec assez de
civilité. Mais Velasquez parla d'un ton si aigre et si

impérieux, que le roi d'Aragon, prince jaloux plus qu'un
autre de la gloire du diadème, craignit de trop l'avilir
en accordant au Castillan, avec une facilité qu'on put
prendre pour de la faiblesse, une satisfaction excessive qu'il demandait avec une hauteur qui tenait du commandement. Il offrit beaucoup, mais, ne croyant pas qu'il
fût de sa dignité de tout accorder, il se résolut à la
guerre, que Velasquez lui déclara avec les formalités
qui étaient alors en usage.

Elle commença dès qu'elle fut déclarée, et la longueur du temps qu'elle dura ne fit rien relâcher de
l'ardeur avec laquelle elle avait commencé. Tout contribua à la rendre vive. Quoique étrangère elle eut toute
l'horreur des guerres civiles, car on vit le frère armé
contre le frère, et le père contre le fils. Il y eut, dans
les deux partis de bonnes troupes et de bons chefs. Le
prince Frédéric, grand-maître de Saint-Jacques, don
Tello, son frère, don Juan de la Cerda, les infants d'Aragon, les Castro, les Guzmans, les Tolèdes, les Ponces
de Léon, et d'autres, soutinrent, dans les armées castil-
lannes, l'honneur de la nation; dans les aragonnaises,
don Alphonse d'Aragon, comte de Denia ; don Lopez
de Luna, don Bernard Cabréra, don Pèdre d'Exérica,
les Moncades, les vicomtes de Cardonne et d'Ossone,

firent ce qu'on peût attendre de la conduite et du courage de capitaines expérimentés ; les deux rois en donnèrent l'exemple. La valeur et l'activité brillèrent plus dans le Castillan, le sang froid et le stratagème furent remarquables dans l'Aragonnais. Une grande partie de l'Europe entra dans cette fameuse guerre ; les seigneurs de Foix et d'Albret furent les premiers qui s'y engagèrent avec leur famille et leurs amis : la maison de Foix pour l'Aragon, celle d'Albret pour la Castille. La France, l'Angleterre, la Navarre, le Portugal même, quoique gouverné en ce temps successivement par deux rois pacifiques, prirent part à ce démêlé.

Les armées castillanes faisaient cependant des progrès considérables. Pierre le Cruel forma le dessein d'attaquer les places maritimes, pour envelopper l'Aragonnais. Dans cette vue, ayant passé d'une extrémité de son royaume à l'autre, il alla s'embarquer sur la flotte qui l'attendaient en Andalousie, et à laquelle s'était jointe une escadre de vaisseaux génois. Après avoir passé le détroit, les caps de Gana et Palos, il fit descente à Guardamar, prit la ville, et, sans un orage qui ruina une partie de sa flotte et l'obligea de se retirer avec ce qui lui en restait, il aurait pris la forteresse. Ayant recueilli ses débris, et Mahomad, roi de Grenade, lui ayant en-

voyé un renfort de vaisseaux de guerre et de charge, il
retourna à Guardamar, assiégea de nouveau la forteresse, la prit, et sans perdre de temps à faire de petites
conquêtes, il mena sa flotte à Barcelone, qu'il se crut
en état d'assiéger. Il y surprit d'abord une escadre de
vaisseaux du roi d'Aragon, qu'il défit sans grand embarras. Mais ce prince, étant accouru avec une promp-
titude incroyable, défendit la place, et donna par toute
la côte de si bons ordres, qu'après diverses tentatives,
divers combats, divers succès, le Castillan, désespérant
de pouvoir prendre Barcelone, alla tomber sur les îles
Pytieuses, apparemment dans le dessein de se rendre
maître des Baléares. Kvica, la capitale des Pytieuses,
soutint le siége assez long temps pour donner au roi d'A-
ragon le temps de passer à Majorque, où, se voyant
assez en état de secourir la place assiégée, il voulut lui-
même commander sa flotte, comme le roi de Castille
commandait la sienne. Mais les grands qui l'accompagnaient lui représentèrent si fortement le danger où il
exposait en de telles circonstances la monarchie avec sa
personne, qu'il consentit à attendre à Majorque l'évènement de l'expédition. Cabréra, amirante d'Aragon, et
le comte d'Ossonne, son fils, conduisirent l'armée na-
vale; les Castillans quittèrent le siége pour se disposer

au combat. Les vents empêchèrent qu'ils ne se joi-
gnissent : chacun se retira dans ses ports, et on ne
pensa plus qu'à pousser, chacun de son côté, les entreprises de terre.

Jusque-là le roi de Castille avait l'avantage sur son
ennemi, qui se soutenait avec peine. Car, faute de
troupes, l'Aragonnais avait abandonné Alicante, il avait
perdu Jumilla, ville que le prince don Frédéric, grand-
maître de Saint-Jacques, avait conquise pour le Castillan. Ainsi le royaume de don Ferdinand d'Aragon y
avait fait d'autres brèches ailleurs. Le voisinage de
Tarazone incommodait l'Aragon même, et Saragosse
craignait de voir bientôt le castillan sous les murs. L'A-
ragonnais s'était trouvé si pressé, qu'il en était venu jusqu'à proposer, sous prétexte d'épargner le sang espa-
gnol, un combat particulier à son adversaire : mauvaise
ressource des plus faibles, qui, dans les personnes de
ce rang, a toujours été regardée moins comme un effet
de valeur que comme un mouvement de désespoir, qui
pronostiquait une chute prochaine. Le castillan en avait
jugé ainsi, et s'était moqué de ce cartel : heureux si
toute sa conduite eût répondu à cette action de sagesse.
Il goûtait ses succès avec autant plus de plaisir, que
Marie, qui jusque-là ne lui avait donné que des filles, lui

donna, l'an 1539, un fils, qu'il fit nommer Alphonse, et
dont il eut dessein dès-lors de faire son successeur. Mais
le comte de Trastamare lui fit connaître, par une
victoire qu'il remporta sur lui en Castille, qu'il n'était
rien moins qu'en état de disposer de sa succession ;
ce fut dans les plaines d'Araviane, sous la montagne de
Moncayo, que se donna cette bataille. Hinestrosa, oncle
de Marie Padilla, commandait l'armée castillane ; don
Ferdinand de Castro, et grand nombre d'autres des
plus grands seigneurs du pays suivaient cet homme de
faveur. Henri n'avait pas moins de gens de haute naissance parmi ses troupes ; la bataille fut disputée, mais le
comte enfin la gagna. Hinestrosa et beaucoup d'autres
furent fait prisonniers, le reste chercha son salut dans
la retraite ou dans la fuite, et Castro fut assez heureux pour être de ceux qui échappèrent à la captivité
ou à la mort. En ce même temps Trazone revint au
Roi d'Aragon, par la trahison du gouverneur ; et Henri,
poursuivant sa victoire, entra si avant dans la Castille,
qu'il pénétra jusqu'à la Rioja, où il prit Haro et Na-
jarre, avec d'autres places de moindre nom.

Le roi de Castille avait assez de valeur pour se relever des disgrâces qui viennent des caprices de la fortune ; mais il n'avait pas assez de sagesse pour prévenir

celles où le précipitaient les vices de son tempérament.
Il usa de tant de diligence, que le comte n'eut pas le
loisir de se fortifier dans sa conquête. Le roi, ayant
assemblé en peu de temps des troupes fort supérieures
aux siennes, l'obligea de se retirer, et il ne se retira pas
même sans perte. Aisément Pierre aurait repris l'ascendant sur ses ennemis, s'il eût pu prendre sur lui-
même et sur son naturel féroce, qui fournit au roi d'A-
ragon des armées pour balancer sa puissance, et au comte
de Trastamare des instruments pour la détruire.

Dès le commencement de la guerre, l'Aragonais avait
compris qu'un moyen sûr d'affaiblir ce prince était de
savoir profiter du peu de ménagement qu'il avait pour
les grands de son royaume qui lui déplaisaient. Ainsi
toujours attentif aux occasions de faire révolter ses sujets, il y avait toujours trouvé des dispositions favorables
dans les injustices qu'il leur faisait, et dans la conti-
nuelle crainte que ce prince capricieux et cruel inspirait
même à ses amis. Il lui avait débauché un grand nombre de bons officiers, ou qui avaient changé de parti,
ou qui, ayant été soupçonnés d'en vouloir changer,
avaient expié par leur sang des projets de révolte. A
peine les deux monarques avaient mis leurs troupes
en campagne, que le Castillan, pour satisfaire ses pas-

sions, se livra à un nouveau crime. Le roi d'Aragon en
fut averti, et fit solliciter sous main les seigneurs offensés de se joindre à lui. Ils l'écoutèrent, et soulevè-
rent une partie de l'Andalousie; mais ils ne furent pas
heureux : le roi fut bien servi, ils furent défaits. Gusman
échappa et trouva moyen de se retirer en Aragon. Don
Juan de La Cerda fut pris, et perdit la tête. Avec lui
tomba sa maison, l'une des plus illustres mais des plus
malheureuses que l'on eût vues depuis longtemps. Il
avait à la cour de France un oncle d'un fort grand mérite, qu'on y nommait Charles d'Espagne; ce prince était
aimé du roi Jean, qui l'avait fait comte d'Angoulême, et
jugé digne de l'épée de connétable. Sa faveur lui ayant
attiré la haine du roi de Navarre, ce méchant prince
était allé l'assassiner jusque dans sa maison. Il ne restait donc plus du sang royal de la Cerda après la mort
de Jean, qu'une fille nommée Isabelle, qui porta dans
une autre famille, comme nous le dirons en son lieu,
ce grand nom avec de grands biens.

Peu après, le roi trempa ses mains dans le sang de
la reine sa tante, en la faisant mourir dans sa prison.
Jeanne de Lara éprouva le même sort à Séville, et Isabelle, sa sœur, à Xérès de la Frontéra, où elle fut
ors conduite pour être à Blanche de Bourbon, que

l'on y avait transférée, et avec qui elle demeura quelque temps, un pronostic de sa malheureuse destinée. La bataille d'Araviane coûta la vie à deux jeunes princes, qui n'y étaient pas, et seulement parce qu'ils étaient frères du comte de Trastamare, qui l'avait gagnée. Pierre était si accoutumé à verser le sang de ses proches, qu'on ne s'étonna de ce nouveau fratricide, que par l'âge et par l'innocence des deux frères qu'il fit mourir, dont l'un n'avait que dix-huit ans, et l'autre à peine quatorze.

V

Tandis que le roi de Castille répandait la terreur dans toutes les villes de son royaume par des scènes si tragiques, le roi d'Aragon envoyait au secours du roi de Trémésen, son allié, quatre galères bien armées, pourvues de munitions et de vivres. Par malheur, elles rencontrèrent à leur passage cinq galères castillanes : après un combat assez opiniâtre, les Aragonais furent contraints de se rendre, et leurs quatre galères furent amenées en triomphe au port de Séville. Le roi de Castille fit massacrer impitoyablement les vaincus, sans épargner

don Mathieu Marcero, qui les commandait, et dont
Pierre lui-même avait reconnu autrefois la valeur au
siége d'Algézire.

L'histoire avoue qu'on ne peut compter les personnes que ce prince fit mourir en dernier lieu ; à
peine a-t-elle pu nous donner un détail exact des têtes
illustres que ce nouveau Néron fit tomber. Le sang
étranger qu'il ver ait à la guerre, loin de l'assouvir,
l'altérait, et il ne fut jamais plus cruel qu'alors envers
ses sujets. Par-là, il en perdit un grand nombre, et la
Castille enfin se trouva dans l'état où est réduit un corps
qui est épuisé par les saignées fréquentes qu'ordonne
un médecin imprudent. Outre que des exécutions si
sanglantes lui enlevaient de bons guerriers, la crainte
ou le désir de vengeance en faisait passer tous les jours
un grand nombre chez ses ennemis.

Ce ne fut pas le seul stratagème dont l'Aragonnais se
servit pour affaiblir un adversaire auquel il n'était pas
égal. Le pape Innocent ayant envoyé en Espagne, dès
la seconde année de la guerre, le cardinal Guillaume le
Juge, pour rétablir la paix entre ces deux rois, on
était convenu d'une suspension d'armes, et de mettre
de part et d'autre les places conquises entre les mains

du cardinal médiateur. Le roi de Castille n'ayant pas
enu parole, le roi d'Aragon avait ménagé, avec son
habileté ordinaire, une occasion si favorable de mettre
le légat dans ses intérêts, en brouillant Pierre avec le
pape. Dans cette vue, il avait affecté une aveugle dé-
férence pour le légat, et, l'ayant gagné par cette conduite, il s'était cru en droit de le presser d'excommu-
nier le Castillan, et de mettre son royaume en interdit. Le
cardinal le Juge avait donné dans ce piége, avec une
précipitation qui avait été blâmée du pape même; il
avait été révoqué, mais les censures n'avaient pas été
levées pour cela, et le roi d'Aragon en avait tiré tout
l'avantage qu'il s'en était promis dans des circonstances
où le parti du roi de Castille devenait de jour en jour
odieux à ses sujets, qu'il n'aliénait déjà que trop par ses
cruautés. Le pape, toutefois, ne discontinua pas d'employer tous ses soins à pacifier l'Espagne. Dans ce dessein, il envoya Guy de Bologne, frère du comte de ce
nom, qu'une naissance si illustre, de grands emplois,
une grande vertu ne rendaient pas moins respectable
que la pourpre de cardinal. Ce nouveau légat avait long-
temps aussi inutilement travaillé que son prédécesseur.
Le roi de Castille éludait toujours toutes propositions
de paix, il y avait montré tant d'opposition, que, pour

en ôter toute espérance, il avait fait faire juridiquement le procès au comte de Trastamare, à don Tello, et à d'autres de ses sujets engagés dans le parti d'Aragon, et les avait fait condamner comme criminels de lèse-majesté.

Malgré sa résolution néanmoins, la bataille d'Araviane, la continuation de ses cruautés, les censures apostoliques, la désertion fréquente des grands, avaient affaibli son parti; il commença donc à écouter les remontrances du légat avec plus de docilité. Le roi d'Aragon voulait toujours la paix, et quoique la guerre commençât à lui devenir plus heureuse, son adversaire avait dans ses États des ressources qu'il ne trouvait pas dans les siens, beaucoup moins étendus en Espagne, et dont les conquêtes étrangères épuisaient plus tôt les forces, qu'elles ne les augmentaient. D'ailleurs la division s'était mise entre deux de ses principaux chefs; don Ferdinand d'Aragon, son frère, et le comte de Trastamare aspiraient également à la couronne de Castille : le premier, parce qu'il était le plus proche parent légitime, et le second, parce que, quoique bâtard, il était, après le roi son frère, l'aîné des enfants d'Alphonse XI; de plus, il était persuadé qu'étant né Castillan, il serait préféré à un étranger. Les Castillans transfuges étaient partagés entre ces deux concurrents, qui ne se cachaient presque plus de leurs prétentions à un trône, où ils ne désespéraient pas de monter, même avant la mort de celui qui en était possesseur. Ils comptaient que la haine des peuples contre le roi de Castille leur fraierait le chemin du trône. Aussi travaillaient-ils, chacun de leur côté, à se faire des partisans.

Les Aragonnais se partageaient entre ces deux partis ; le roi d'Aragon en était embarrassé, et les avait souvent vus sur le point de tourner leurs armes l'un contre l'autre. Il avait suspendu leur fureur, mais il ne pouvait se promettre de les réunir. La crainte d'une guerre civile lui faisait désirer la paix étrangère. Aussi le légat n'eut de peine qu'à y porter le roi de Castille, qui y condescendit, de mauvaise foi néanmoins, avec l'intention de n'en accomplir les conditions qu'autant qu'il serait de son intérêt de le faire, et dans le dessein de recommencer la guerre quand une raison secrète, qui l'engageait à donner les mains à la paix, aurait cessé.

Un ennemi de plus et un ennemi si voisin, lui parut redoutable dans la conjoncture où se trouvaient alors ses affaires, et quoique le roi de Maroc eût refusé d'entrer dans la ligue qu'Alhamar lui avait proposé, le roi de Castille crut qu'un prince chrétien ne devait pas tellement compter sur l'amitié d'un mahométan qu'il ne dut y craindre du changement. Ce fut dans cette vue que Pierre le Cruel, résolu de chasser Alhamar et de rétablir Lagus, consentit à la paix d'Aragon. Les principales conditions furent que chacun rentrerait dans ses places; que l'infant don Ferdinand quitterait la cour, et se retirerait dans les terres qu'il avait en-deçà de l'Ebre; que les Castillans seraient congédiés, et que leur roi leur accordait une ample amnistie du passé. Cette paix fut publiée à Deza, le 18 mai de l'année 1361. Les censures furent levées, et les Castillans, qui ignoraient les secrets desseins de leur roi tournèrent leurs pensées et leurs armes contre les mahométans de Grenade.

Le peu de fidélité qu'eut Pierre à exécuter le traité de paix touchant l'amnistie des transfuges, fit craindre une nouvelle rupture. Mais on eut sujet d'espérer que le légat médiateur vaincrait d'autant plus aisément son opiniâtreté sur ce point, que ces seigneurs s'étaient résolus à suivre le comte de Trastamare en France, où il passa une seconde

4..

fois. Il y avait même apparence que le roi aimerait
mieux les rappeler que de les mettre dans la nécessité
de s'attacher à son ennemi. Il n'en arriva pas ainsi ;
quelques instances que fît le légat pour obtenir l'exécution de cet article du traité, il trouva l'esprit de Pierre
le Cruel obstiné à la refuser. Le sage prélat prévit bien
que cette obstination troublerait la paix. Le roi d'Aragon
le pressait d'user de son autorité pour en faire observer
les conditions. D'ailleurs il paraissait probable que les
Français et les Anglais en viendraient à un accommodement qui mettrait la France en état d'armer pour Blanche
de Bourbon, et pour seconder les desseins du comte
de Trastamare, qui commençait à ne plus trop cacher ses
prétentions à la royauté. Le cardinal croyait important à
l'Espagne, dont il prenait à cœur le repos, de réunir les
Espagnols, pour ôter au comte et aux Français la ten-
tation de le troubler. Pressé par ces motifs, il crut qu'un
coup de vigueur et d'autorité ferait rentrer Pierre le
Cruel en lui même, et l'obligerait à céder. Dans cette
vue, il déclara par un acte authentique et public, qu'en
vertu du traité de paix, les transfuges castillans étaient
absous du crime et des peines portées par la sentence
d'Almanzan.

Le roi de Castille, irrité, ne pressa la guerre de

Grenade que pour recommencer plus tôt celle d'Aragon. Il était si éloigné d'entrer dans les sentiments du
légat, qui redoutait pour lui les Français, qu'il prit ce
temps pour faire périr l'infortunée Blanche de Bourbon,
qu'on avait tranférée de Xérès à Medina-Sidonia. C'est
ainsi que courent à leur perte ceux qui se laissent aveu-
gler par leurs passions.

Soit par un nouvel accès de fureur dont fut saisi ce
roi barbare, lorsque le comte Henri et ses partisans
passèrent en France, comme l'ont cru quelques historiens; soit pour exécuter avec moins d'obstacles les
desseins qu'il avait formés pour la fortune de ses enfants
illégitimes; comme il paraît vraisemblable, la paix
d'Aragon fut à peine conclue, que Pierre le Cruel, étant
allé en Andalousie pour avancer l'entreprise de Grenade,
donna des ordres secrets pour faire mourir l'innocente
reine. Des auteurs dignes de foi racontent qu'un jour, le
roi chassant dans un lieu où on la tenait renfermée, un
berger d'une figure affreuse, d'un regard farouche, d'un
visage décharné, ayant les cheveux hérissés, la barbe
longue et négligée, se présenta inopinément à lui, et le
menaca des derniers malheurs s'il ne traitait mieux la
princesse, s'il ne la rappelait auprès de lui, et s'il ne
vivait avec elle selon les lois sacrées de l'union conju-

gale. Ces écrivains ajoutent que ce prince, qui fit autrefois brûler un clerc pour avoir osé l'avertir qu'il était
menacé d'en haut de mourir de la main de son frère,
en punition de ses péchés, avait fait arrêter le berger, en
attendant qu'on pût découvrir si la reine ne l'avait point
engagé à contrefaire le prophète ; et qu'après une exacte
recherche, on avait été persuadé qu'elle n'avait point
de part à cette prophétie, ce qui étonna d'autant plus,
qu'on chercha en vain le prophète dans la prison où on
l'avait renfermé : il avait disparu, et on ne le vit plus,
quelque perquisition que l'on eût faite pour le retrouver.
Si ce prodige est vrai, il ne servit qu'à endurcir ce nouveau Pharaon.

Blanche enfin fut sacrifiée à la haine de son tyran : on
sait qu'elle mourut par son ordre, mais il est assez incertain de quel genre de mort. L'histoire de Bertrand du
Guesclin en fait un détail romanesque qui ne paraît
fondé, ainsi que beaucoup d'autres choses qu'elle rap-
porte des affaires d'Espagne, que sur les bruits populaires du temps. Mariana dit qu'elle mourut du poison
que lui donna un médecin, par le commandement du
roi. C'est ce qui paraît plus vraisemblable. Toute l'Espagne frémit d'horreur à la nouvelle qui s'y répandit
de cette tragique fin d'une reine, à l'âge de vingt-deux

ans, du plus auguste sang du monde, et en qui une si haute naissance était accompagnée de toutes les qualités personnelles qui attirent même aux particuliers l'amour et la vénération publique.

VI

On plaint les malheureux; mais on les oublie. Blanche, au contraire, inspira en France et en Espagne des sentiments de vengeance, qui ne s'y éteignirent que dans le sang de son meurtrier. Mais il manquait encore quelques crimes à la mesure de ce mauvais prince. La mort de l'impérieuse Marie, qui lui en avait tant fait commettre, aurait dû le faire rentrer en lui-même; elle suivit de si près celle de la reine, qu'il ne pouvait douter, pour peu qu'il eut fait de réflexion, que l'une ne fût un châtiment de l'autre. Mais l'esprit est-il capable de réflexion quand on a le cœur occupé de ces sortes de passions? L'aveugle prince ne pensa qu'à donner à sa

Padilla des témoignages d'un amour constant, et à faire
rendre à ses cendres des honneurs dont elle n'eût pas
été indigne si elle se les fût attirés par des voies moins
criminelles. L'histoire convient que, malgré sa naissance,
elle n'aurait pas été indigne du trône, si elle eût conservé
la pudeur de son sexe. Le roi lui fit faire des funérailles
de reine, et attendit, pour donner au public des marques encore plus éclatantes de son attachement pour
elle, que la guerre de Grenade fût finie.

La guerre de Grenade commença de manière à n'en
pas faire espérer un trop bon succès. Le grand maître de
Calatrava fut défait et pris à Guadix. Il y perdit beaucoup des siens; et si Alhamar eut été plus fier, la
guerre lui réussissait assez bien pour lui donner sujet
de se flatter qu'elle lui produirait au moins la paix. Le
désir de l'avoir trop tôt la lui fit échapper des mains.
Il fut si honnête envers les prisonniers castillans, que
l'ont crut qu'il se sentait faibles. On leva de nouvelles
troupes, et l'on fit de si grands efforts qu'il eut peine à les
soutenir. La fortune changea tout d'un coup pour lui.
Pendant que l'armée castillanne prenait ses villes et dé-
solait ses campagnes, une violente peste détruisait son
peuple. Un usurpateur n'est assuré sur le trône qu'autant que dure sa prospérité; aussitôt qu'il cesse d'être

heureux, ses partisans cessent de lui être fidèles; l'intérêt et le devoir à la fois les rapprochent du roi légitime, et ils reviennent à lui avec d'autant plus de zèle
qu'ils se sentent plus pressés d'expier le crime de leur
désertion. Alhamar s'aperçut bientôt qu'une grande partie de ceux-mêmes qui l'avaient élevé sur le trône pen-
saient à y remettre Lagus, se croyant en état d'y réus-
sir. Après avoir délibéré sur le parti qu'il avait à
prendre, il s'arrêta au plus mauvais, par le conseil d'un
de ses amis : il avait des trésors immenses; il crut pouvoir s'en servir pour acheter une paix, qu'il ne pouvait
autrement. Peut-être y aurait-il réussi s'il n'eût voulu
faire la convention lui-même : il eut l'imprudence
d'aller se livrer entre les mains du roi de Castille, par
une affectation de franchise dont il crut que ce prince
serait touché. Il demanda un sauf-conduit; il l'obtint,
et alla à Séville, où il fit toutes les soumissions capables
de gagner un roi qui aurait eu de l'humanité. Pierre
lui fit tout espérer, et Alhamar croyait déjà être au-
dessus de ses affaires, lorsqu'un jour, étant à souper chez
le grand-maître de Saint-Jacques, il se vit chargé de
fer, traîné ignominieusement en prison, d'où ayant été
tiré quelques jours après, il fut revêtu de pourpre, mis
sur un âne conduit hors de la ville, avec trente sept

Maures de ceux qu'il avait amenés, et là, toute cette infortunée troupe périt par la main du bourreau.

Lagus n'eût peut-être pas profité de la mort de son adversaire, si la haine que le Castillan conservait dans l'Aragonnais ne l'eût emporté dans son cœur sur l'intérêt qu'il avait à conquérir le royaume de Grenade. Par là Lagus fut rétabli, et Pierre le Cruel ne pensa qu'à rallumer le feu mal éteint dans les royaumes chrétiens d'Espagne.

La première chose qu'il fit fut d'engager dans son parti un homme aussi méchant que lui. Charles le mauvais, roi de Navarre, avait été arrêté en France pour avoir fait prendre du poison au dauphin, qui régna depuis sous le nom de Charles V ; ce prince avait surmonté le mal par force de la jeunesse et des remèdes, et le Navarrais, s'étant échappé de sa prison, avait regagné la Navarre, et y attendait l'occasion de commettre quelque nouveau crime. Pierre le Cruel, le regardant comme un instrument tout propre à servir des desseins injustes, lui fit proposer une conférence, sous prétexte de s'unir avec lui contre la puissance de France, dont ils étaient tous deux menacés, et lui donna rendez-vous à Soria, où Charles promit de se trouver.

Le prétexte de la conférence, qui était une ligue

défensive contre les Français, fut d'abord mis en délibération; on se ligua contre eux. Mais ce n'était pas le
sujet qui amenait le Castillan.

Charles fut surpris quand il lui proposa une ligue
offensive contre le roi d'Aragon, le beau-frère de ce
même Charles, et voisin d'ailleurs qu'il eût bien voulu
ménager. Il balança; mais considérant que, s'étant
imprudemment engagé à conférer sur les terres de
Castille, il était dangereux pour lui de résister aux
volontés d'un roi qui était maître de sa liberté, il donna
les mains au traité, et convint de faire irruption sur
les terres de l'Aragonnais, qui étaient frontières de la
Navarre, pendant que le Castillan en ferait une autre
sur celles qui confinaient avec la Castille.

Le roi d'Aragon, pris au dépourvu pour s'être trop
reposé sur la foi des traités, vit, lorsqu'il s'y attendait
le moins, ses États attaqués de deux côtés à la fois : le
roi de Navarre investit Sos, place située en deçà de
l'Elbe, pendant que le roi de Castille, entrant par l'autre
rive de ce fleuve dans le pays de son ennemi, après s'ê-
tre saisis des postes qui conduisent à Calatayud, alla
mettre le siége devant cette ville, avec une armée de
trente mille hommes de pied et d'environ dix mille
chevaux. Sos tint moins long-temps que Calatayud,

qui se défendit depuis le mois de juin jusqu'en septembre de l'année 1362, mais Calatayud fut prise comme Sos, le roi d'Aragon n'ayant pu se mettre en état de le secourir. Chemin faisant, le roi de Castille s'était emparé de la forteresse d'Hariza; Aréca, Cétina, Alhama et quelques autres places des environs se rendirent à son approche. On donna quelque repos aux troupes.

Dans cet intervalle, le Castillan s'étant retiré à Séville, et ayant perdu son fils, le prince don Alphonse, au commencement de l'hiver, crut devoir faire son testament, pour assurer sa succession aux filles qu'il avait eues de Padilla, et, à leur défaut, à don Juan, fils de Jeanne de Castro. Par ce testament, il prit tant de soin d'exclure du trône non seulement ses frères, mais les collatéraux même légitimes, qu'il ordonna que si quelqu'une de ses filles épousait le comte de Trastamare ou Ferdinand d'Aragon, son cousin-germain, dès-lors elle perdrait le droit qu'il lui donnait à la couronne. Pour autoriser cette disposition par des dehors de piété, qui témoignassent qu'il l'avait fait en prince consciencieux et chrétien, il marqua le lieu de sa sépulture dans une chapelle qu'il faisait bâtir, où il voulait qu'on l'enterrât, revêtu de l'habit de saint François, entre Padilla et leur fils Alphonse : profanation d'un habit si saint que la

Providence empêcha. Mariana infère de là que ce prince avait de la religion malgré ses désordres; je crois qu'on ne peut mieux en conclure qu'il joignait à ses autres désordres le sacrilége et l'hypocrisie.

Il n'eut pas plus tôt fait ce testament injuste, qu'au fort de l'hiver il rentra en campagne, et étant revenu sur ses pas du côté de Calatayud, pendant que le roi de Navarre poursuivait ses conquêtes du côté d'Exéca et de Tiermas, aux environs de Sos, il s'empara de presque toutes les villes frontières de l'Aragon, de la Navarre jusqu'au royaume de Valence; Borgia, Aranda, Malvenda, Tarasone, Tervel, et d'autres subirent le joug du vainqueur. De Tervel le roi de Castille étant entré dans le royaume de Valence, conquit avec la même rapidité Segorbe, Exérica, Morviédro, et alla camper sous Valence même.

La monarchie aragonaise se sentit ébranlée à ce coup, et sa ruine parut d'autant plus inévitable, qu'il arrivait toujours au roi de Castille, de nouveaux secours étrangers. Le roi Louis de Navarre, frère de Charles, s'était rendu auprès de lui avec une troupe d'aventuriers; don Gilles Fernandez Carvailho, grand maître de Saint Jacques, en Portugal, lui avait amené trois cents chevaux; le roi de Grenade en entretenait six cents

pour son service. Le roi d'Aragon envoya partout, jusqu'aux Maures d'Afrique, il ne put rien obtenir. La
France lui préparait des troupes, mais, dans la conjecture où étaient les affaires de la monarchie depuis le
malheur du roi Jean, l'État ne pouvait se dessaisir de
celles qu'il avait sur pied; il fallait donc faire de nouvelles levées, que le comte de Trastamare, rappelé par
l'Aragonais, pressait autant qu'il lui était possible, mais
qu'il n'était pas aussi aisé de mettre sur pied que de
promettre. Dans cette extrémité, le comte, qui n'avait
point perdu de vue le projet qu'il avait formé de monter sur le trône de Castille, assembla trois mille chevaux.
en attendant que ses amis et les personnes intéressées
à venger Blanche de Bourbon lui amenassent un plus
grand secours. Il se rendit à temps en Aragon, et se joignit au roi, qui l'attendait pour aller délivrer Valence.
Le roi marcha en personne, accompagné du brave comte,
et l'un et l'autre eurent la hardiesse d'offrir la bataille à
l'ennemi. Le Castillan, dont les conquêtes avaient fort
affaibli l'armée par le grand nombre de garnisons qu'il
lui en avait fallu détacher, ne voulant pas risquer une
action décisive, se retira à Morviédro, où les Aragonnais,
n'étant pas encore en état de le forcer, ni en assez grand
nombre pour attaquer à sa vue les places qu'il avait con-

quises, se retirèrent de leur côté à Buriana pour l'observer.

On en était là lorsqu'on apprit en Espagne que Jean, roi de France, était mort à Londres, que Charles V, son fils, lui avait succédé, et que la première chose qu'il avait faite avait été de déposséder le roi de Navarre des places qu'il avait en Normandie et aux environs de Paris; que Bertrand du Guesclin, capitaine breton, avait, avec l'armée de France défait Philippe, frère du Navarrais, dans une bataille où ce prince avait été tué. A cette nouvelle, Charles de Navarre vit bien qu'il devait se tenir sur ses gardes, d'autant plus qu'il n'ignorait pas qu'on préparait en France un secours à Henri comte de Trastamare, pour venger, en appuyant ses desseins, le sang de Blanche, reine de Castille, que Pierre le Cruel avait répandu. Dans cette vue, changeant de personnage, il devint médiateur. Il se joignit à l'abbé de Fescam, alors nonce du pape en Espagne, proposa la paix, et fut écouté. Le public crut l'affaire conclue par deux mariages agréés également des deux côtés; l'un d'une fille du roi d'Aragon avec le roi de Castille, l'autre de la fille aînée du roi de Castille et de Marie Padilla avec don Juan, prince d'Aragon. On se trompait; le Castillan mettait au traité pour conditions secrètes deux

crimes si noirs, que quoique l'Aragonnais n'eût pas la
conscience délicate, la proposition lui fit horreur. On
ne lui demandait rien moins que de faire mourir l'infant
don Ferdinand d'Aragon son frère, et le comte de
Trastamare, l'homme du monde à qui il devait le plus.

L'embarras où se trouva ce prince dans cette conjoncture fâcheuse où il avait besoin de la paix, et où il ne
pouvait l'obtenir qu'au prix de deux actions si honteu-
ses, retarda la négociation; il délibéra, mais en homme
accoutumé à ne conclure que sur des raisons d'intérêt.
Si l'horreur du crime le retint, elle n'eut pas la force
de l'arrêter, il y ferma enfin les yeux; et n'envisageant
que l'utilité qui pouvait lui en revenir, il pensa que don
Ferdinand avait été plus long-temps pour lui redoutable
ennemi que bon frère; que le comte de Trastamare ne
pouvait le servir, en continuant la guerre, qu'à lui faire
donner la paix, qu'on lui offrait à moindres frais; que
ces deux hommes, aspirant tous deux également au trône
de Castille, lui avaient déjà causé beaucoup d'embarras;
que tôt ou tard il se verrait dans la nécessité de perdre
l'un pour conserver l'autre, et qu'il aurait pour ennemi
celui qui se croirait le moins de ses amis. Sur ces
considérations, la mort de l'infant et du comte fut
résolue.

S'il est vrai, comme le disent quelques écrivains,
que le comte de Tra-tamare entra dans le complot qui
fit périr don Ferdinand , l'action du roi d'Aragon eut
une double perfidie qui en augmente la noirceur , et le
comte ne méritait pas le bonheur qu'il eut de trouver un homme assez généreux pour lui sauver la vie en
résistant à la volonté de deux rois conjurés à sa perte.
L'Aragonnais fit mourir son frère à Castellon près de
Burriana , et ayant donné rendez vous au roi de Navarre à Uncastello, où ils avaient invité le comte sous
prétexte d'une conférence, à dessein de s'en défaire,
ils proposèrent au gouverneur de la place, don Juan
Ramire d'Arellano , d'exécuter cette trahison. Ce brave
homme s'y refusa, et protesta qu'il ne ternirait point sa
réputation par une action si lâche. Les rois avaient peu de
monde avec eux, et le comte de Trastamare avait laissé
aux portes de la ville huit cents chevaux de ses meil-
leures troupes. Le gouverneur, d'ailleurs risquant tout,
faisait entendre qu'il ne souffrirait pas qu'on attentât sur
la personne de Henri, dans un lieu où il commandait
une garnison assez forte et assez attachée à lui pour suivre le mouvement qu'il lui donnerait. Par là ces princes manquèrent leur coup. On ne sait si Arellano avertit, dans la suite, le comte du danger qu'il avait couru ;

est probable qu'il le fit. Henri était son ami, et pouvait donner imprudemment dans un second piége, s'il eût ignoré le premier ; mais s'il le sut, il ne sut pas moins habilement le dissimuler, prendre ses précautions, et empêcher deux rois dont il pouvait encore , tout perfides qu'ils étaient, faire un bon usage, de se déclarer contre lui. Il fit plus, il se ligua avec eux.

Le roi de Castille ne voulait plus la paix, qu'il n'avait peut-être jamais bien voulue, et le roi d'Aragon vit bien qu'il ne devait pas l'espérer, tant qu'il aurait un voisin si inquiet et si turbulent. Dans cette vue, ayant gagné le roi de Navarre, toujours disposé à changer de parti et à manquer de fidélité , il convint avec lui d'admettre dans une ligue qu'ils formeraient pour détrôner le Castillan , le comte de Trastamare, dont ils crurent qu'il était plus aisé de se servir qu'il n'avait été de le perdre. Le comte, moins méchant, mais aussi fin qu'eux, dissimula, et ne pensa qu'à tirer avantage de la nouvelle confédération qu'on projetait. Mais il prit ses mesures pour se trouver sans aucun risque à une conférence qu'ils eurent à Sos, où ils l'invitèrent. Là on résolut qu'on emploierait les forces des deux nations avec ce que le comte en avait et en attendait encore de France , à dé-

truire le Castillan, dont on partagea par avance les
Etats : le Navarrais devait avoir la Biscaye et la vieille-
Castille ; l'Aragonnais, les royaumes de Tolède et de
Murcie ; Henri, le reste, avec le titre de roi. Ce partage
était chimérique, et si Pierre le Cruel n'eût point eu
d'autres ennemis que ceux-là, le roi d'Aragon était plus
en danger d'être détrôné par le roi de Castille que le roi
de Castille par le roi d'Aragon.

La ligue n'était pas formée, que Pierre le Cruel,
étant entré dans le royaume de Valence par la Murcie,
avait déjà pris Alicante, Muela, Callosa, Denia, Oliva
et les environs. De là, pénétrant plus avant, il avait
assiégé Valence avec une grosse armée de terre , et une
flotte formidable d'environ vingt-quatre galères et
quarante-six gros vaisseaux. Don Bertrand Cabréra,
sage vieillard , autrefois gouverneur du roi d'Aragon ,
depuis son ministre, et souvent général de ses armées,
voyant la supériorité des forces du Castillan sur celles
de son maître, avait toujours été d'avis qu'on mît tout
en œuvre pour avoir la paix, et s'était opposé à la ligue,
soutenant qu'au lieu d'irriter le vainqueur, il fallait le
fléchir et le gagner. Ce conseil prudent fut fatal à ce
grand homme. Le roi de Navarre et le comte de Trastamare, qui n'y trouvaient pas leur compte, rendirent

Cabréra suspect à son roi, et comme la franchise de
ce seigneur lui avait fait beaucoup d'ennemis, la reine
d'Aragon, le comte de Dénia, et un grand nombre
d'autres grands du royaume, étant entrés dans la cabale
de ceux qui voulaient sa mort, il fut pris, condamné au
supplice, et exécuté à Saragosse, comme criminel
d'Etat.

Cependant on pressait Valence, et le roi de Navarre
était immobile, aussi peu fidèle au roi d'Aragon qu'il
l'avait été au roi de Castille. L'Aragonnais pourtant ne
perdit pas cœur. S'étant rendu à Burriana avec ce qu'il
avait de troupes, accompagné du comte Henri et de son
petit camp volant, il partit hardiment pour Valence, et
présenta encore une fois la bataille au roi de Castille,
qui, pour ne pas risquer de perdre en un jour ce qu'il
avait conquis en plusieurs campagnes, ne voulut pas
l'accepter. Il fit même éloigner son armée, qu'il fit
retrancher dans son camp, pendant qu'il monta sa flotte
pour aller se mettre à l'embouchure de la rivière de
Culléra, où le vicomte de Cardonne était entré avec
dix-sept galères aragonnaises, il voulait s'en saisir pour
être maître de la mer. Une subite tempête empêcha
le succès de cette entreprise. La flotte castillane fut
dissipée, et le roi même pensa périr. Il voulut encore

5.

paraître dévot à la sortie de ce danger. Une action de
clémence l'aurait mieux persuadé qu'un pèlerinage qu'il
fit, les pieds nus et la corde au cou, à une église de
Notre-Dame, célèbre dans ces quartiers-là. Il est à croire
que la piété eut moins de part à cette action que la
vanité de faire penser que le ciel s'intéressait à sa conservation.

Le roi d'Aragon soutint assez bien le reste de cette
campagne et le commencement de la suivante. Il
présenta une seconde fois la bataille au roi de Castille,
qui l'évita comme la première; il prit Morviédro, ses
troupes défirent et tuèrent don Guttière de Tolède,
grand-maître d'Alcantara, qui y conduisait un convoi,
Don Gomes de Porras, qui commandait dans la place,
au lieu de se retirer après l'avoir rendue, mena au
comte de Trastamare six cents chevaux de sa garnison.
Ces avantages relevaient la force des Aragonnais; mais,
outre qu'ils étaient contrebalancés par de nouvelles conquêtes que le Castillan, à la tête d'une nombreuse
armée, continuait de faire en divers endroits, ils avaient
trop à reconquérir pour que cette guerre, quelque heureuse qu'elle pût être, leur rendit le pays qu'ils avaient
perdu. On en était là lorsqu'on apprit qu'enfin les amis

que le comte de Trastamare avait en France lui avaient trouvé une armée prop♦ à exécuter l'entreprise qu'il méditait.

VII

Depuis que les couronnes de France et d'Angleterre étaient en paix, grand nombre de soldats en congé s'étaient rangés sous la conduite de chefs accoutumés, comme eux, à vivre de pillage. Il était fâcheux de les souffrir, et dangereux de les poursuivre Ils désolaient les campagnes, et les plus grandes villes à peine pouvaient s'en garantir. Ils avaient eu la hardiesse de venir jusqu'à Avignon, quoique le pape y fût en personne et qu'il les eût excommuniés. Leurs compagnies étaient composées de Français, d'Anglais, d'Allemands, de Gascons, de Bretons, de Navarrais, de Flamands, qui ne reconnaissaient presque d'autorité que celle des

capitaines qu'ils s'étaient choisis. Leur brigandages leur
avaient fait donner le nom de pillards ; ils s'appelaient
eux-mêmes les grandes compagnies , et le peuple les
nommait Malandrins. On ne savait comment purger la
France de cette espèce de voleurs. Il fallait leur faire la
guerre , ou leur en trouver une pour les employer. Ni
l'un ni l'autre n'était aisé ; toute guerre ne convenait pas
à des gens accoutumés à ne manquer de rien dans un
pays riche et fertile , et il convenait encore moins au
roi de France d'occuper contre des voleurs les forces
dont il prévoyait bien qu'il aurait bientôt besoin contre
les Anglais. Ce fut dans cette conjoncture que les amis
du comte de Trastamare ayant remontré au monarque
français que l'Espagne était un pays qui pourrait tenter
les pillards , et que puisqu'il désirait lui envoyer des
troupes, il n'en pouvait trouver de plus propres pour
l'entreprise dont il s'agissait , le roi chercha quelqu'un
qui fût capable de se mettre en tête de cette expédition,
et de les y conduire lui-même.

Personne ne lui parut plus propre à exécuter ce dessein que le brave Bertrand du Guesclin. Ce conquérant
de la Castille et ce restaurateur de la France n'était
devenu grand capitaine que pour avoir été bon soldat. Il
était d'une ancienne noblesse de Bretagne ; mais dans sa

maison les biens n'égalaient pas les avantages de la naissance. Il était laid, mal fait, grossier, et déplaisait si fort
à ses parents, que quoiqu'il fût l'aîné de ses frères, il
avait été traité, dans son enfance, comme s'il eût été
leur valet. Ses mœurs dures et turbulentes l'avaient fait
regarder comme un mauvais sujet, qui déshonorerait la
famille par sa violence et par sa férocité. Il avait paru
n'avoir d'autre talent que pour se battre contre ses égaux,
et entretenir entre eux une espèce de guerre, où il y en
avait toujours quelqu'un de blessé. On voyait bien que
son inclination était pour les armes, mais son père, prenant son courage pour un effet de brutalité, craignait de
lui donner une épée, dont il appréhendait qu'il ne se
servit plutôt pour lui attirer des affaires que pour acqué-
rir de l'honneur. Bertrand, voyant que ses parents
ne faisaient rien pour sa fortune, voulut en être l'artisan
lui-même, et fit bientôt des actions qui firent connaître
qu'on s'était trompé dans le pronostic qu'on avait fait
de lui. La noblesse de Bretagne était alors divisée entre
les partis de Blois et de Montfort, pour la succession au
duché. Le jeune Du Guesclin ayant ouï dire que celui
de Blois, soutenu par la France, était plus juste que
celui de Montfort, qui était appuyé par l'Angleterre, se
jeta dans le premier sans autre examen, et s'y fit remar-

quer dès qu'il y parut. Sans chercher de commandement,
il se vit bientôt à la tête de tous ses égaux , par une
supériorité de génie pour la guerre , à laquelle chacun
déféra. Partout où il se trouvait, il devenait le chef et
l'âme de toutes les entreprises , et ceux à qui le caractère donnait le droit de commander , reconnaissaient en
lui un droit supérieur, auquel sans peine ils se soumet-
taient.

L'art ne contribua en rien à lui donner cette supériorité, ce fut un pur effet du génie. Du Guesclin ne devint
jamais ni plus poli , ni plus politique que la nature ne
l'avait fait. La droiture de son esprit , la sincérité de
son cœur , la fermeté de son courage , l'application à
son métier , la fidélité à ses maîtres , l'attachement aux
lois reçues parmi les braves gens à la guerre, la science
des campements , des postes, des champs de batailles,
la prévoyance, l'activité, l'art de ménager les occasions ,
l'amour de la gloire , le mépris du danger , acquirent
à ce grand capitaine l'ascendant qu'il prit, sans le chercher, sur tous les guerriers de son parti, et le rendirent
redoutable à ceux des partis opposés. Une parole de lui
aux soldats avait tous les effets de l'éloquence pour les
persuader; ils le suivaient aveuglément, et ne doutaient

5..

point de la victoire quand il les menait au combat. Ce
fut ce talent surtout qui le fit choisir de Charles V pour
déterminer les aventuriers à l'entreprise de Castille.
Aussi les eut-il bientôt persuadés. Il ne lui fallut que le
temps d'aller les trouver, et d'amener au roi leurs chefs,
parmi lesquels Hugues de Caurelée, célèbre Anglais,
tenait le premier rang. L'expédition étant publiée,
Jean de Bourbon, comte de la Marche, voulut être
de la partie, pour venger Blanche, sa parente, des
cruautés de son tyran. Sa naissance le fit déclarer général ; mais sa jeunesse ne permettant pas qu'on lui confiât
la conduite d'une si difficile entreprise, Bertrand Du
Guesclin fut chargé du commandement de l'armée et de
la direction du chef. On ne sait pas même trop bien si le
prince fit le voyage : nos historiens français le disent,
les Espagnols n'en conviennent pas ; je vois des raisons
de part et d'autres qui m'empêchent de décider. Il m'est
également douteux si le maréchal d'Andrehem passa les
monts avec Du Guesclin, comme quelques écrivains
l'assurent. Il est certain qu'un grand nombre de Français, gens de qualité et de service, beaucoup de gentilshommes bretons, parents ou amis de Bertrand, l'ac-
compagnèrent dans cette expédition, et eurent sous lui
grande part au commandement de l'armée, qui, si

nous en croyons Froissard , montait bien à trente mille
hommes. Le roi donna ses soins à leur subsistance jusqu'à leur sortie du royaume. Et le pape , qui avait cru
en être quitte pour donner aux Malandrins l'absolution
des censures qu'ils avaient encourus , fut obligé , pour
s'en défaire , de leur donner encore de l'argent. Après
que cette partie de l'armée fut réconciliée à l'Eglise ,
tous prirent une croix blanche , qui les fit nommer les
compagnies blanches.

La joie fut grande en Aragon lorsqu'on apprit qu'un
tel secours venait au comte de Trastamare. Le comte alla
au-devant des Français le plus loin qu'il put , et le roi
s'avança jusqu'à Barcelone. Les seigneurs de France
en reçurent tout le bon accueil et toutes les caresses
qu'ils pouvaient en attendre. Il fit de grandes largesses
aux troupes , et donna même à Du Guesclin Borgia à
titre de comté. Comme ce prince n'était pas homme à
oublier ses intérêts , la première chose qu'il fit fut de
renouveler avec le comte le traité déjà fait entre eux
pour la cession de Murcie , qu'il désirait surtout avoir.
Car , pour le royaume de Tolède , il paraît qu'il s'en
désista , et ne demanda avec la Murcie que quelques
places du côté de la Sierra-Molina , qui donnaient une
entrée trop facile aux Castillans dans ses Etats. Quel-

ques-uns disent que les Français commencèrent par lui
reconquérir ce que le Castillan lui avait pris ; mais il
paraît plus probable , selon d'autres , qu'il le recouvra
par la nécessité où se trouva Pierre le Cruel de retirer
ses garnisons pour en renforcer son armée. Elles lui
profitèrent de peu; la plupart se dissipèrent en chemin,
et d'autres allèrent se joindre aux Français; don Alphonse, comte de Dénia , cousin germain du roi d'Aragon ,
avec une grande partie de la noblesse aragonnaise, avait
déjà grossi l'armée. Dans l'embarras où se trouva le
roi de Castille en cette conjecture, le seigneur d'Albret,
accouru à son secours par opposition au comte de Foix,
qui s'était déclaré pour le parti contraire, lui donna un
conseil qu'il ne suivit pas , et qui était l'unique ressource qui lui restât pour se maintenir. Ce seigneur lui
représenta que, la plus grande partie de l'armée française étant composée de vagabonds qui ne faisaient la
guerre que pour s'enrichir , il n'y avait rien de plus
facile à un prince opulent comme lui, et qui avait beaucoup d'argent , que de les corrompre et de les débau-
cher. Il se chargeait de les lui livrer lui-même, s'il
lui donnait de quoi les acheter , affirmant qu'il avait
parmi eux des amis qui se chargeraient de la négociation, et qu'il répondait du succès. Dieu aveugle ceux

qu'il veut punir : Pierre rejeta ce conseil, et quoiqu'il n'eût autour de lui qu'un faible débris de ses troupes, dont la plupart l'avaient abandonné , il prit le chemin de Burgos.

L'armée française cependant étant partie de Šaragosse, où le roi d'Aragon s'était lié plus étroitement que jamais avec le comte de Trastamare , par le projet d'un mariage entre sa fille Éléonore et Jean, alors fils unique du comte, s'avançait vers Calaborra. Pour ne point perdre de temps , les Français avaient laissé derrière eux Alfaro , dont la garnison eût été assez forte pour l'arrêter , mais qui ne l'était pas assez pour leur nuire. Calahorra ne se fit pas forcer. La haine qu'on y avait pour le roi de Castille, autant que la crainte des Français , en ouvrit les portes à Henri. Don Fernand Sanchès de Touar, qui y commandait comme gouverneur, vint avec l'évêque du lieu, sans attendre de sommation, lui en apporter les clés. Il y entra comme en triomphe, et avec les acclamations que le peuple accorde à son roi. Aussi ne fut-il pas long-temps sans l'être. On le pressa d'en prendre le nom , et Du Guesclin était de ceux qui jugeaient à propos qu'il le prît.

A peine Du Guesclin eut parlé, qu'il s'éleva une voix confuse : *Castille pour le roi Henri !* On leva

l'étendard royal, et chacun rendit au nouveau monarque,
qui s'était laissé aisément persuader ce qu'il souhaitait
avec ardeur, les hommages et les honneurs qu'on rend
à la souveraine puissance. Le premier usage qu'il en fit
fut de répandre ses largesses, suivant en cela son inclination autant que les règles de la politique. Il rendit la
Biscaye à Tello. Il donna Albuquerque à Sanche, avec le
titre de comte; à Bertrand Du Guesclin, Trastamare;
à Hugues de Caurelée, Carrion; à don Alphonse d'Aragon, comte de Dénia et de Ribagorce, Villéna, qu'il
érigea en marquisat. Il lui donna en même temps toutes
les terres qu'avait autrefois possédées don Juan Manuel.
Enfin, il n'y eut point d'officiers considérables dans
l'armée qui ne reçussent de lui quelque récompense,
quelque château, ou quelque terre dans la Castille, pour
eux et pour leur prospérité.

VIII

Après avoir fait ces présents, Henri, profitant de l'ardeur de ses troupes, les mena droit à Burgos, où il savait que le roi son frère s'était trouvé abandonné. Il prit en chemin Navarrette, Briviesca, laissa Logrogno, qui aurait pu trop long-temps l'arrêter; et, approchant de la capitale, il en trouva les députés qui venaient au-devant de lui. Pierre était sorti de leur ville désespérant de pouvoir la défendre, quoique les habitants lui eussent offert tout ce qui dépendait d'eux pour la conserver. Il leur avait même laissé la liberté d'admettre Henri, supposé qu'il se présentât, et qu'ils ne se crussent pas en état de soutenir un assez long siége, pour atten-

dre qu'on les secourût. Mais, par un procédé bizarre,
ne pouvant s'empêcher de verser du sang, sur le point
de partir pour Tolède, il avait fait mourir don Juan
Fernandez de Touar, seulement parce qu'il était frère
du gouverneur de Calahorra, qui avait ouvert ses portes
à Henri. Cette action, aussi cruelle qu'imprudente,
renouvela la haine publique contre ce prince incorrigi-
ble, pour qui le devoir et la compassion commençaient
à inspirer d'autres sentiments. Les députés de Burgos
invitèrent le nouveau roi à venir chez eux prendre
solennellement la couronne, ne le traitant encore que
de comte, mais l'assurant qu'après cette cérémonie il
serait traité comme roi. Il entra dans la ville aux acclamations du peuple, et fut couronné dans l'église du
monastère de las Huelaas, sur la fin du printemps de
l'année 1366.

La plus grande partie de la vieille Castille suivit
l'exemple de la capitale; le royaume de Léon en fit
autant, et en moins de vingt-cinq jours, le nouveau roi
se vit reconnu par autant de provinces et de villes qu'il
en restait encore à l'ancien. Il ne lui en coûta que de
se présenter pour accroître son empire. Tolède le reçut
avec les plus vives démonstrations de joie; il passa le
Tage, et, poursuivant plutôt le roi que la conquête de

ses villes, qui ouvraient d'elles-mêmes leurs portes, il
obligea ce malheureux prince, que tout le monde aban-
donnait, à sortir enfin du royaume, emportant avec lui
d'assez grands trésors, mais éprouvant que le plus grand
trésor d'un roi est l'amour de ses sujets. Il se retira d'a-
bord en Portugal; mais on lui refusa l'asile qu'il demandait. Il passa en Galice, et, y laissant de nouvelles
marques de sa cruauté par la mort de don Suero,
archevêque de Compostelle, et de don Pèdre Alvarès,
son archidiacre, tous deux de la maison de Tolède, il
alla s'embarquer à la Corogne avec don Fernand de Castro, son ami fidèle, et trois de ses enfants les plus âgés,
don Juan, né de son faux mariage avec Jeanne, sœur de
Castro; Constance et Isabelle, filles de Padilla. Avec
ces tristes débris d'une si haute fortune, Pierre le Cruel
alla implorer le secours du prince de Galles, qui gou-
vernait alors la Guyenne et les autres provinces françai-
ses, cédées à Edouard son père, par le traité de Bré-
tigny. Il prit terre à Bayonne, et y attendit des nouvelles du prince anglais, qu'il envoya avertir à Bordeaux
du sujet de son arrivée.

Pendant ce temps-là, Henri se vit maître et si aimé des
Castillans, que, quoiqu'il prévît assez qu'il aurait la
guerre, il crut pouvoir la soutenir sans le secours des

étrangers, qui étaient à la charge de ses sujets. Il les
récompensa magnifiquement, et les renvoya chargés de
présents, outre leur solde, qu'il leur fit payer avec une
exactitude dont ils furent satisfaits. Le roi d'Aragon en
arrêta une partie avec Hugues de Caurelée, dans le
dessein apparemment de les faire passer en Sardaigne,
où les nouveaux troubles, qui ne cessaient de s'élever
dans cette île, demandaient du secours. Les autres
repassèrent les Monts, assez riches pour vivre chez eux,
en attendant que quelque nouvelle guerre les engageât à
reprendre parti. Henri en retint quinze cents chevaux
avec Bertrand Du Guesclin, le Bègue de Vilaine, le Bâtard de Foix, et quelques autres seigneurs français. Ce
nombre lui parut suffisant avec le zèle que les Castillans
témoignaient avoir pour son service, pour empêcher
le roi exilé de remettre le pied dans le royaume, où
il se crut si assuré, qu'il fit venir d'Aragon sa femme avec
l'infante Eléonore, destinée pour épouse à son fils, que
les États tenus à Burgos avaient déjà reconnu pour
prince et pour héritier de Castille.

Il ne fut pas plus tôt averti que le roi de Castille était
à Bayonne, qu'il l'invita à venir à Bordeaux, où il le
reçut avec tout le bon accueil et toute la magnificence
possible. Avant néanmoins de lui rien permettre, il

voulut avoir l'avis de son conseil et consulter. Le roi
son père lui manda que l'entreprise était digne de lui, s'il
pouvait l'exécuter , mais que c'était à lui de voir s'il
avait assez d'hommes et d'argent. La princesse de Galles,
son épouse, était du sentiment de ceux qui le détour-
naient de donner sa protection à un si méchant homme,
et que toutes les nations regardaient comme l'horreur
du genre humain. Après avoir tout entendu , le prince
conclut en faveur de Pierre. « Il est roi, il est malheureux, s'écria-t-il, il faut le défendre. Il est mauvais roi,
l'adversité est une bonne école pour le corriger ; c'est à
Dieu de le juger de ses crimes, et à nous de l'aider
dans son malheur. »

Cette résolution étant prise, le prince fit ses préparatifs. Il assembla ses troupes, et rappela les Anglais qui
étaient restés en Aragon. Il eut bientôt une grosse armée,
et peu d'armées ont eu de meilleurs chefs.

On fut en peine des passages ; on avait besoin du roi
de Navarre, qui pouvait occuper ses détroits et arrêter
la marche des troupes du côté des monts. Les conjonctures ne paraissaient pas favorables pour entrer en accommodement avec ce Protée , si on eût moins connu son
inconstance.

Après avoir trompé par ses fourberies les rois d'Ara-

gon et de Castille, craignant leurs ressentiments si
jamais ils venaient à faire la paix, il s'était réconcilié
avec le roi de France ; il lui en avait coûté Manthe et
Meulan, et il avait accepté Montpellier en échange de
ses prétentions sur la Bourgogne et sur d'autres terres.
Mais il était au moins en repos, et, au besoin, il se
trouvait sûr d'un grand secours de ses vaisseaux français, s'il était attaqué par les Espagnols. Il ne paraissait
pas naturel qu'il favorisât une entreprise si directement
contraire à la France contre le plus cher de ses alliés.
Mais le prince de Galles savait que ni l'honneur ni l'intérêt même ne prévalaient jamais long temps sur la légè-
reté de ce roi. Dans cette vue, il l invita à venir conférer
à Bayonne avec le roi détrôné et lui, dans l'espérance
qu'il lui donna de lui ménager de grands avantages
dans un traité qu'il méditait. Charles accourut ; ces
princes se virent, et il fut convenu entre eux que si
Pierre était rétabli, il donnerait à l'Anglais la Biscaye,
et lui rembourserait l'argent qu'il aurait avancé pour la
paie de ses troupes ; qu'il cèderait aux Navarrais,
moyennant le passage, les villes de Calahorra, de Navarette et de Logrogno, et que, jusqu'à ce que le Castillan eût satisfait à ce traité, ses deux filles demeureraient
en ôtage en-deçà des monts. Ces conventions faites, on

se sépara, et Charles ne fut pas plus tôt de retour dans sa capitale, qu'étant sollicité par Henri de fermer ses droits au prince de Galles, il s'y engagea aussi facilement, moyennant d'autres promesses, qu'il s'était engagé à les laisser libres. Le prince de Galles avançait cependant avec une armée formidable, et le nouveau roi de Castille, qui ne s'était pas endormi, en avait une sur la frontière capable de l'arrêter. Il lui était venu du secours de France, et beaucoup de jeune noblesse s'y était jointe pour plaire au roi, qui les y avait invités. Le marquis de Villéna et le comte de Rocabertin, et d'autres seigneurs aragonnais, engagés dans ce parti, avait attiré plusieurs guerriers d'Aragon. Ces Castillans servirent fidèlement celui qu'ils avaient choisi pour apporter remède aux maux que Pierre le Cruel leur avait fait. Cette armée ne manquait pas d'officiers d'expérience et de valeur, non plus que celle des Anglais. Henri et du Guesclin avaient peu d'égaux pour le commandement général. Don Tello, don Sanche, frère du roi, le Bâtard de Foix, Alphonse d'Aragon ne cédaient point aux plus habiles dans le métier.

Entre deux partis si puissants, le déloyal roi de Navarre se trouva fort embarrassé. Il les craignait également, ne pouvant deviner qui serait vainqueur. Le

plus sûr était d'empêcher le passage au prince de Galles ;
mais c'était un voisin puissant qu'il allait s'attirer sur
les bras, et dont il pouvait avoir besoin dans le peu de
disposition qu'il se sentait à être fidèle à Charles V, qu'il
haïssait toujours dans le fonds, et dont il était également
haï.

Dans cette perplexité, il crut se tirer habilement
d'embarras, par une nouvelle fourberie, qui ne trompa
personne, qui pensa lui être fatale à lui-même, et dont
l'heureux prince de Galles tira toute l'utilité. Olivier
de Mauny, gentilhomme breton, commandait dans le
château de Borgia pour Bertrand du Guesclin, son parent.
Charles se lia avec lui, dans le dessein de se faire arrêter un jour qu'il irait à la chasse aux environs de son
château, afin de pouvoir se disculper de l'événement du
passage, sous prétexte qu'il n'aurait pu l'empêcher.
Mauny connut l'indigne artifice de Charles, et le détesta.
Pour en tirer néanmoins quelque avantage, soit pour
ses intérêts communs, soit pour les siens particuliers,
faisant semblant de n'en rien apercevoir, il arrêta le roi
de Navarre, selon qu'ils étaient convenus, et fit plus
qu'il n'avait promis. Dès qu'il fut informé que ce roi infidèle avait envoyé trois cents chevaux au-devant du
prince de Galles pour le recevoir à l'entrée des défilés

de Roncevaux, que l'armée anglaise passait déjà], il le
fit étroitement garder jusqu'à ce que l'issue de la guerre
lui apprît l'usage qu'il devait en faire.

Henri n'eut pas plus tôt été instruit que les Anglais
étaient en Navarre, qu'il partit de Burgos, et mena ses
troupes camper près du bois de Bagnarès, où, ayant
tenu conseil de guerre, il mit en délibération s'il cher-
cherait à donner bataille, ou s'il se contentait d'observer
le mouvement des ennemis pour prendre son parti. Du
guesclin, qui n'eut jamais peur, fut d'avis de temporiser,
et deux ambassadeurs de France qui suivaient l'armée
pensèrent comme lui. Ils représentèrent à Henri qu'il
ne pouvait attendre d'autre fruit d'une bataille qu'un
peu plus de gloire, supposé qu'il la gagnât ; mais que
s'il la perdait, le royaume de Castille était perdu pour
lui ; que le succès d'une bataille est un de ces événements
dont personne ne peut répondre, qu'il n'est pas prudent
de hasarder une grande fortune pour avoir plus de réputation ; que la réputation de sagesse est la meilleure
dans un roi, et qu'un général qui sait rendre les efforts
de ses ennemis inutiles est plus estimable, en certaines
rencontres, que celui qui les repousse avec témérité ;
qu'il était incertain de vaincre les Anglais si souvent
vainqueurs, et commandés par un général qui n'avait

pas été vaincu ; et qu'il était sûr , au contraire, de les lasser , pour peu qu'il voulût traîner la guerre en longueur, de les affamer en leur coupant les vivres , d'en faire périr une partie en les amusant dans un pays dont l'air ne leur convenait pas; qu'ils s'en retourneraient d'eux-mêmes, et se trouveraient heureux qu'on ne les arrêtât pas au passage.

Tel fut l'avis de nos Français ; ce devait être celui des Espagnols; mais ils abusèrent en cette occasion. Henri, résolu de combattre, fit avancer l'armée jusqu'en Alava, pour s'opposer à quelques détachements de cavalerie anglaise, qui portaient le ravage et l'incendie en tous lieux sur leur passage. Il s'était rangé en bataille à la vue des Anglais près de Saldriano , dans un poste fort avantageux, ayant à dos une montagne qui couvrait son armée de ce côté-là. Il s'attendait que le prince de Galles s'avancerait pour le combattre; mais il avait affaire à un général expérimenté, qui savait prendre son terrain , et qu'on ne faisait pas donner dans un piége.

Le prince , laissant Henri dans son poste , alla passer l'Èbre à Logrogno , qu'un gouverneur , fidèle au roi Pierre , lui avait conservé jusque-là , et qu'Henri, occupé d'ailleurs, avait trop négligé de soumettre Il campa près de Navarette, résolu d'employer ses troupes à faire des conquêtes dans le royaume, et à se faire comme autant de remparts des places de l'ennemi contre l'ennemi même, s'il ne trouvait pas occasion de le combattre sans désavantage. Il ne l'attendit pas long-temps ; Henri, retournant sur ses pas, alla camper près de Najare, où ils n'étaient plus séparés que par une pe-tite rivière, que son impatience lui fit passer. Ce fut là que, le 3 d'avril de l'an 1367, se donna la fameuse bataille de Najare ou de Navarette.

Les détails en sont différents dans les auteurs qui en ont fait le récit. Tous conviennent de l'événement. En voici les circonstances les plus sûres. L'aile droite de l'armée espagnole était commandée par Bertrand du Guesclin, qui avait avec lui ses Français, et par don Sanche, comte d'Albuquerque, avec la meilleure partie de la noblesse castillane. Don Tello, frère de Henri, avait l'aile gauche avec le marquis de Villéna ; le roi était au corps de bataille, et avait près de lui Alphonse, comte de Giron, son fils naturel. Le prince de Galles avait mis à la tête de son aile droite le duc de Lancas-tre, le connétable de Guyenne Chandos, et peut-être Hugues de Caurelée. Le comte d'Armagnac et les sei-gneurs d'Albret avaient la conduite de l'aile gauche.

Le prince avec le roi Pierre et don Jacques, infant de

Majorque, étaient dans le corps de bataille. On combattit dans cet ordre ; et les écrivains, même espagnols,
avouent que, si don Tello, brave d'ailleurs et bon capitaine, avait imité Bertrand du Guesclin, la victoire était
à Henri. Du Guesclin avait mis en désordre le duc de
Lancastre et ses gens, lorsque, sans qu'on sache pour-
quoi, le prince don Tello prit la fuite, et fut suivi par
toute l'aile qu'il commandait. En ce moment, le reste
de l'armée s'ébranla, quelque effort que fissent le roi
et les chefs pour l'affermir. Henri fit des prodiges de
valeur, le Bâtard de Foix se fit remarquer par des
actions extraordinaires, et si du Guesclin n'eût été
enveloppé par l'aile anglaise qui venait de vaincre, et
qui, au lieu de suivre les fuyards, était tombé sur lui
tout-à-coup, la victoire balançait encore, et il n'était
pas impossible aux Français et aux Castillans de la
mettre de leur côté.

Le sang-froid du prince de Galles, et une présence
d'esprit à laquelle rien n'échappait contribua beaucoup
à la fixer dans le sien. A la bataille de Crécy, il avait
vaincu en soldat ; à la bataille de Navarette, il vain-
quit en grand capitaine, toujours vaillant, toujours
attentif à tous les mouvements des troupes, et donnant
de son poste les ordres, selon les divers évènements,

aussi promptement et aussi à propos que s'il eût été
partout. On ne dit point le nombre des morts : celui
des prisonniers fut grand. Du Guesclin combattit long-
temps seul, appuyé contre un pan de muraille. Quelques-uns disent que le roi Pierre étant survenu, ordonna qu'on ne lui fît point de quartier, mais qu'heureusement le prince de Galles se trouva là pour le conserver, et qu'il fut le seul à qui Bertrand voulut rendre
son épée. Henri avait combattu en soldat depuis qu'on
avait cessé de l'écouter comme roi et comme capitaine.
Il ne combattit pas en désespéré. Une sorte de pres-
sentiment de ce que lui réservait la Providence le fit
penser à se retirer. D'abord il se renferma dans Najare,
mais il n'y demeura pas long-temps; il prit le chemin
de Soria, et s'enfuit en Aragon, accompagné de don
Juan de Luna, de don Fernand Sanchez de Touar, et
de don Alphonse Perez de Gusman, pendant que Jeanne,
sa femme, et sa famille, sorties de Burgos au bruit de
sa défaite, se rendaient, de leur côté, à Saragosse, pour
éviter le malheur de tomber entre les mains de Pierre
le Cruel. Cette princesse fut suivie dans sa retraite de
don Gomez Manrique, archevêque de Tolède, et de
don Lopez Fernandez de Luna, archevêque de Saragosse, qui étaient demeurés avec elle à Burgos. Le roi

6.

Henri passa sans s'arrêter, ne croyant pas qu'étant
malheureux, il y eût sûreté pour lui auprès d'un homme
du caractère du roi d'Aragon. La reine n'y fut pas
long-temps, le mauvais accueil qu'on lui fit l'obligea
de suivre son mari en France, où ils trouvèrent, dans
l'amitié qu'avait Charles V pour Henri, un port assuré
après le naufrage, des terres et des pensions pour subsis-
ter.

IX

Pendant qu'on cherchait en France les moyens de relever les espérances de Henri, Pierre le Cruel y travaillait, contre son intention, en Espagne. Le prince de Galles n'avait rien omis pour l'engager à se concilier l'amour de ses peuples, par un changement de conduite, et il n'y avait rien gagné. Sur le champ de bataille même il avait exercé sa vengeance contre des prisonniers de qualité, qui, par son ordre, furent passés au fil de l'épée, et il en aurait fait mourir davantage, si le prince de Galles n'eût employé l'autorité que lui donnait la force qu'il avait en main pour arrêter sa barbare fureur. Déjà il avait fait massacrer don Ynigo

Lopez d'Horosco, don Gomez Carillo de Quintana, don
Sanche de Moscoso, grand commandeur de l'ordre de
Saint-Jacques, don Alphonse Geoffroy, et don Garcie
Tenorio, fils de l'Amirante, lorsque le prince anglais,
survenant, empêcha qu'il ne passât outre, et lui parlant
dans des termes très-durs, qu'il accompagna des plus
sanglants reproches sur sa cruauté, fit cesser cette hor-
rible boucherie. D'illustres familles doivent, aux soins
de ce héros, la conservation de leurs noms. Il laissa
aller quelques uns de ces prisonniers de guerre sur leur
parole, il en envoya d'autres en-deçà des monts. De
ce nombre fut du Guesclin, qui, étant plus craint que
les autres, recouvra plus tard sa liberté. Parmi ceux
qui la durent au prince, on compte don Pédro Tenorio,
qui, étant depuis entré dans l'état ecclésiastique, joua,
sous le règne suivant, un grand rôle dans les affaires
politiques; don Pédro Lopez d'Ayala, qui avait porté
la bannière du roi Henri dans la bataille, et a écrit la
vie du roi Pierre avec un fiel qui le rend suspect. Il fallait qu'il en eût beaucoup pour ne pas s'en tenir à la
vérité; il n'était pas nécessaire de charger le tableau. Il
suffisait de représenter ce prince tel qu'il était, pour le
rendre odieux à la postérité. Le roi de Navarre croyait
profiter de l'avantage de ses alliés pour obtenir sa déli-

vrance ; mais il y a apparence que , du caractère dont ils
le reconnaissaient , ils l'aimaient mieux prisonnier que
libre. Il dut à sa ruse sa liberté , qui lui devait au moins
coûter de l'argent. Olivier de Mauny voulut en avoir
rançon. Le roi fut contraint de la promettre, mais,
après l'avoir promise , il invita le gentilhomme à venir
la recevoir à Tudelle. Le Breton en fut d'accord , pour
vu qu'on lui envoyât un infant de Navarre en ôtage.
Charles accepta la condition , et Mauny partit avec lui ;
mais il ne fut pas arrivé qu'il fut arrêté , mis aux fers,
menacé du dernier supplice, s'il ne faisait rendre
l'infant. Le gentilhomme fut bienheureux de sortir de
prison en rendant le prince ; mais il fut doublement
imprudent de se fier à un fourbe qu'il avait lui-même
trompé.

Il était assez difficile que deux hommes d'une humeur
aussi différente que Pierre le Cruel et le grand prince
de Galles fussent long-temps d'accord ensemble. Pierre
rentra en possession de son royaume aussi aisément qu'il
avait été chassé. Les princes victorieux furent reçus
dans Burgos sans aucune contradiction, et là les villes
les plus éloignées envoyèrent volontairement leurs clés ;
quelques-unes s'en dispensèrent , mais on n'y fit pas
attention ; on supposa que pour les soumettre il ne fal-

lait que s'y présenter, et le roi crut n'avoir pas besoin
que le prince anglais s'en mêlât. Il était question de le
satisfaire, et s'acquitter des promesses qu'il lui avait
faites à Bayonne ; mais le prince de Galles s'aperçut
bientôt que Pierre avait promis à Bayonne ce qu'il ne
tiendrait pas à Burgos. En vain il lui représenta les
conditions de leur traité, le roi ne lui témoigna pas
qu'il eût intention d'y manquer, mais il lui apporta
des excuses pour en différer l'exécution, qui lui firent
d'abord soupçonner qu'il ne l'exécuterait pas. L'épuise-
ment où était le royaume de Castille lui servit de
prétexte pour ne lui point donner d'argent, et l'indo-
cilité des Cantabres pour ne lui point livrer la Biscaye.
Il visait à le fatiguer, et à l'engager à repasser les monts,
en lui faisant appréhender qu'un trop long séjour en
Espagne, ou ne préjudiciât à ses troupes, ou ne ruinât
ses affaires en France. Le prince vit bien l'artifice, et
parut résolu d'attendre l'accomplissement du traité pour
ramener son armée en Guyenne : mais il avait affaire à
un homme qui avait plus d'une ressource, pour ne pas
se laisser contraindre à faire ce qu'il voulait éviter.
Pierre feignit que, pour se mettre en état de satisfaire
à sa promesse, il avait besoin de deux précautions,
l'une de s'assurer du roi d'Aragon, ennemi dangereux

et offensé, l'autre de faire un voyage en Andalousie,
où il pouvait trouver de l'argent. La proposition était
plausible, et honnêtement le prince de Galles ne put
refuser d'y consentir. Il contribua même de ses bons
offices pour rétablir la paix avec le roi d'Aragon ;
auprès de qui Hugues de Caurelée, qui en était connu
et aimé, fut envoyé pour la négocier. La paix ne put se
conclure aussitôt, mais on obtint une suspension d'armes, qui produisit le même effet que la paix pour
l'infidèle Castillan.

Pierre, assuré de l'Aragonnais, ne craignit plus trop
le prince de Galles. Il alla en Andalousie, où, au lieu
de penser à le satisfaire, il commença par donner une
libre carrière à sa vengeance. En une nuit il fit conduire au supplice ou massacrer inhumainement par ses
soldats dans Cordoue et à Séville seize personnes,
parmi lesquelles Boccanegra, un Ponce de Léon, seigneur de Marchéna, et la mère de don Juan Alphonse
de Gusman, donna Urraque d'Osorio, que, par une
ferveur inouïe contre une femme de cette naissance,
il fit brûler vive avec une fille nommée Isabelle Dava-
los, native d'Ucéda, qui, par un mouvement d'amitié
propre à cette nation, entra dans le bûcher à la suite
de sa maîtresse pour tenir sa robe dans un état de

6..

décence , lorsqu'elle viendrait à s'agiter par la violence
de la douleur.

Le prince de Galles apprenait ces nouvelles à Burgos
avec autant d'horreur qu'il était indigne que Pierre
différât toujours , sous de nouveaux prétextes, de lui
tenir la parole donnée. La peste s'était mise dans son
armée, qui dépérissait tous les jours ; et lui-même, il
fut attaqué d'un mal qui eut de longs intervalles, mais
qui néanmoins le conduisit au tombeau. Son indigna-
tion redoubla quand, après de si longs délais, Pierre se
plaignit que ses troupes ruinaient entièrement le royaume, lui faisant entendre que s'il ne les ramenait en
Guyenne, il ne lèverait jamais en Castille ce qu'il fallait
pour les payer. Le prince eut besoin de toute sa sagesse
pour combattre sa colère en cette occasion. Il considéra
néanmoins qu'il était en pays étrangers ; que son armée
était affaiblie ; qu'il était malade et peu en état de penser à conquérir la Castille ; qu'il ne pouvait même y être
plus longtemps sans exposer la Guyenne au danger
d'être surprise par les Français sous un roi attentif à
tout, et sachant mieux que nul autre prince profiter des
occasions. De si fortes raisons l'obligèrent à modérer
son ressentiment, et à prendre le parti du retour, en

retenant les ôtages de Pierre, pour l'obliger au moins
par là à garder des mesures avec lui.

Quelques-uns disent qu'il fit dès-lors un traité secret
avec les rois de Navarre et d'Aragon, par lequel ils devaient, l'année suivante, joindre leurs forces pour
attaquer le Castillan et partager ses États entre eux. Je
doute fort de cette ligue ; mais, si elle est vraie, elle
fut inutile. Henri, qui ne s'endormait pas, fut bientôt
en état de la prévenir par les secours qu'il trouva en
France, où le roi et les princes du sang s'empressèrent
à l'envi de contribuer à son rétablissement. Le duc d'An-
jou, gouverneur de Languedoc, reçut ordre du roi de
l'aider de troupes, d'équipage, d'argent. Il eut bientôt
une nouvelle armée, à laquelle les prisonniers français,
aragonnais, castillans qui avaient payé leur rançon
depuis la bataille de Navarrette s'étaient rendus de
toutes parts. Le Bâtard de Foix, le Bègue de Villaine,
don Bernard Cabréra, comte d'Ossone, qui depuis la
mort de son père s'était retiré d'Aragon, où l'on avait
confisqué ses biens, et s'était attaché au parti d'Henri,
se rendirent auprès de lui. Le seul du Guesclin lui
manquait. Le prince de Galles, sans doute par un près-
sentiment secret du mal qu'il ferait à l'Angleterre, refu-
sait de le mettre à rançon. Tant de gens de crédit

néanmoins travaillaient à sa délivrance, même parmi
les amis du prince, que l'on en désespérait pas.

Les villes qui n'avaient point envoyé leurs clés à
l'ancien roi, attendaient toujours le nouveau, et
avaient profité, pour ne point se rendre, de la mésin-
telligence des vainqueurs. Ségovie, Avila, Palence, Sala-
manque et Valladolid se conservaient encore pour
Henri. Henri, d'ailleurs, apprenait que Pierre était
plus haï que jamais, que les grands et le peuple de Castille le souffraient encore plus impatiemment, depuis
qu'ils avaient goûté la douceur d'un autre règne.

Heureusement encore pour lui, Pierre s'était brouillé
avec le pape : ce prince, après la journée de Navarrette,
avait fait mourir le grand-maître de l'ordre militaire
de Saint-Bernard ; le pape l'avait excommunié et lui
avait envoyé signifier l'excommunication par un prêtre
qui s'était mis dans une chaloupe à l'embouchure du
Guadalquivir. Celui-ci avait épié le moment où le roi
passait sur le rivage, pour demander à lui parler, sous
prétexte qu'il avait à lui dire des nouvelles de l'Orient ;
et, lui ayant, de sa chaloupe même, prononcé la sentence, il s'était enfui. Pierre avait couru risque de se
noyer en poussant son cheval, l'épée à la main, à toute
bride vers le prêtre pour le tuer. Sa colère s'était tournée

contre le pontife; il l'avait menacé, et le pape avait jugé
à propos d'apaiser un prince capable de toutes les ex-
trémités, en lui accordant que les papes ne nommeraient
plus aux évêchés , ni aux maîtrises de Castille que du
consentement des rois; condescendance fâcheuse pour
le Saint-Siége , qui perdit par-là une possession où il
avait été si longtemps, et où il n'est pas rentré depuis.
Cette plaie saignait au cœur du saint Père, qui, déjà
favorable à Henri, le devint encore davantage, et l'aida
de tout ce qu'il put.

X

Henri, ayant assemblé ses troupes, prit son chemin par l'Aragon, passa par la vallée d'Andorre, et marcha avec tant de diligence, que l'Aragonnais n'eut pas le temps de s'opposer à son passage, comme il en avait intention. Quand il fut arrivé sur les bords de l'Ebre, ayant demandé s'il était en Castille, quelqu'un lui répondit qu'il y entrait. Alors, descendant de cheval, il se mit à genoux, fit une croix sur le sable, et élevant la voix, il jura qu'il ne sortirait jamais du pays, qu'il n'y eût accompli sa destinée, ou par son rétablissement ou par sa mort. Cette action inspira aux troupes une nouvelle ardeur. Il marcha à Calahora, où il trouva, non-seulé-

ment les portes de la ville ouvertes, mais un grand
nombre de guerriers qui étaient venus l'y attendre. De
là étant allé à Burgos, l'évêque, revêtu de ses habits
pontificaux, avec tout son clergé et suivi de tous les habitants, le reçut en procession. L'infant de Majorque, qui
s'y trouva, gagna le château pour s'y défendre; mais il
y fut fait prisonnier, et le château et lui demeurèrent
au pouvoir du prince vainqueur.

Cette troisième révolution marchait aussi rapidement
que les deux autres; déjà Léon s'était rendu, et Tolède,
quoique partagé, ne pouvait résister long-temps, si
Mahomet, roi de Grenade, à qui Pierre avait fait demander des secours, ne lui en eût envoyé un assez grand,
pour faire craindre aux partisans de Henri de se déclarer à contre temps. Il est faux que ce malheureux roi
acheta l'amitié du mahométan par une apostasie honteu-
se, qu'il se fit circoncire en secret, qu'il épousa une
princesse maure et fit profession de l'Alcoran. Ce conte
se détruit par lui-même, et montre quel choix de
Mémoires ont fait certains anciens romanciers, qui
tiennent néanmoins encore rang d'historiens auprès du
vulgaire, parce qu'ils rapportent quelque chose de vrai.
Pierre fut cruel et injuste; mais il n'eut point d'autre
liaison avec les mahométans que celles qu'avaient eues

avant lui, dans les nécessités pressantes, d'autres rois espagnols.

Heureusement Cordone l'arrêta assez, lui et son secours, pour donner à Henri le temps de former le siége de Tolède, et d'être joint par Bertrand du Guesclin, qui avait enfin été mis à rançon par le prince de Galles. Il venait, à grandes journées, secourir son ami avec une nouvelle troupe de cavaliers français, au nombre de six cents, tous de son choix et distingués par leur bravoure. Cordoue, qui s'était déclarée pour Henri au bruit de ses premières conquêtes, avait été assiégée par Pierre le Cruel, et s'était si bien défendue, que, désespérant de la prendre, il fut obligé de passer outre pour venir conserver Tolède, après avoir mis dans Carmone, la meilleure place de l'Andalousie, ce qui lui restait de trésors, et deux de ses enfants, qu'il confia avec la ville aux soins de don Martin de Cordoue, qui fut pour lui, par sa constance, un autre don Fernand de Castro. Ses amis de Séville voulurent l'arrêter, et lui conseillèrent d'attendre son ennemi sur la défensive, pour laisser ralentir l'ardeur des étrangers qui le suivaient, et leur donner le temps d'éprouver les incommodités d'un air si différent de celui qu'ils respiraient dans un climat plus tempéré.

Un Maure, qui avait lu les livres attribués à Merin,
lui dit que, dans les prophéties de cet homme, qui
passait pour éclairé dans les connaissances des choses
futures, sa perte était nettement marquée. Ce roi avait
trop d'esprit pour déférer à ces prédictions frivoles, et
trop peu de docilité pour se rendre aux remontrances
de ses amis. Son mauvais destin le poussait, ou, pour
parler plus chrétiennement, la justice divine l'aveuglait.
Il n'écouta rien; il marcha avec une assez nombreuse
armée, mais composée la plupart de Maures et de Castillans engagés, plutôt par un reste de devoir ou de
bienséance que par inclination à le suivre. Il arriva
à Montiel, place de son obéissance, qui n'est pas fort
loin de Tolède, et avait fait tant de diligence qu'il ne
croyait pas que son concurrent eût pu être averti de sa
marche. Il se trompait; Henri savait quel jour il arrivait à Montiel, et, résolu de l'y surprendre, après avoir
laissé au siége de Tolède, don Gomez Manrique, archevêque de cette ville, depuis longtemps attaché à lui, il
se mit à la tête de sa cavalerie, et, ayant pris le chemin
d'Orgaz, il y rencontra Bertrand du Guesclin et sa troupe, qui voulurent être de la partie. Une rencontre si
heureuse parut un augure favorable pour la suite des
événements. Henri reçut presque en même temps un

nouveau renfort, par la jonction de don Pèdre Muguez,
grand-maître de Calatrava, et d'un grand nombre de
seigneurs, qui vinrent en foule se ranger sous ses
enseignes, dans la résolution de sacrifier leurs personnes et leurs vies pour sa défense, et pour la liberté de
leur patrie.

On marcha avec beaucoup de célérité, et l'on se
trouva à la vue de l'armée ennemie, avant que nul parti
contraire eût seulement soupçonné qu'on avait dessein
de l'aller chercher. Cette surprise y jeta de la terreur,
et y causa quelque désertion. Pierre était capitaine et
soldat. Il n'omit rien pour rendre le cœur aux siens,
et fit diligence pour rassembler quelques-unes de ses
troupes qu'il avait dispersées dans les bourgades des
environs, dans la persuasion qu'on n'en viendrait pas
sitôt à une bataille décisive. Il fit tant néanmoins qu'il
forma une armée considérable. Du côté d'Henri, on
était las d'une longue marche; on eut la nuit, de
part et d'autre, pour prendre du repos et donner des
ordres.

Au lever du soleil, le 14 de mars de l'an 1369, les
armées se mirent en bataille, et après que les rois eurent
exhorté, chacun de leur côté, leurs soldats à soutenir
la bonne cause qu'ils se flattaient d'avoir tous deux,

on en vint aux mains ; mais si mollement du côté de
Pierre, quelque exemple de valeur qu'il donnât, malgré
ses exhortations ; avec tant d'ardeur du côté d'Henri ,
qui par son courage se faisait à peine distinguer parmi ses
soldats , qui le suivaient de près, qu'en un moment les
Maures furent culbutés. On les mit en fuite et on en
tua un grand nombre en les poursuivant. Le roi, accompagné de Castro, qui ne l'abandonna jamais, et les plus
braves de ses officiers, retint quelque temps ses Castillans.
Mais Henri d'une part, Du Guesclin de l'autre, le
Bâtard de Foix, Français, Aragonnais, Castillans, les
pressèrent si vivement que Pierre, ne pouvant plus
tenir, fut obligé de gagner Montiel, de s'y renfermer,
et d'attendre que quelqu'un ralliât ses troupes pour accou-
rir à son secours. Il l'attendit inutilement. Henri, poursuivant sa victoire, alla investir Montiel, et, afin que son
concurrent ne pût lui échapper, il fit environner la place
d'un mur de terre qu'il fit bien garder.

Personne ne parut de dehors pour délivrer le malheureux roi, qui se fut à peine enfermé qu'on l'avertit
qu'il manquait d'eau ; comme on ne s'était point aperçu
de cette disette avant la bataille, on crut que quelque
traître en avait détourné la source pour hâter le malheur
de son mauvais maître. En effet, la place manquant d'une

provision si nécessaire, il fallut penser aux moyens extrê-
mes. Pierre, jugeant d'Henri par lui même n'en espé-
rait point de quartier : ainsi il était persuadé que le plus
mauvais parti était de se rendre. L'évasion paraissait
difficile, mais il fallait tenter l'impossible dans une
extrémité si pressante. Pierre ayant donc pris avec lui
don Fernand de Castro, son ami fidèle, et quelques
autres d'entre les siens qui lui étaient le plus attachés,
sortit du château à la faveur des ténèbres de la nuit,
pour voir s'il pourrait surprendre ou forcer quelque poste
du mur dont on avait environné Montiel, moins fort, ou
moins gardé que les autres.

A peine avait-il fait quelques pas dans un chemin qui
conduisait de la forteresse à la circonvallation, que sa
marche fut découverte par le Bègue de Villaine, officier
français qui, suivi d'une grosse troupe de gens aussi
résolus que lui, l'arrêta, lui demanda son nom, et le
mit en nécessité de lui dire qui il était en se rendant
son prisonnier, et le priant de ne pas le livrer entre
les mains de son ennemi. Il ajouta aux prières des
promesses capables de l'intéresser à procurer son évasion. Le Bègue l'assura qu'Henri ne saurait rien au
moins par lui, et l'amena dans son logis avec ceux qui
l'accompagnaient.

Il y était depuis une heure lorsqu'Henri entra dans
la chambre, demandant avec des paroles injurieuses où
il était. Pierre n'attendit pas qu'on le découvrît, et,
répondant à la fierté et aux injures de son adversaire
avec une fierté égale, et des paroles encore plus piquan-
tes, il fut frappé par Henri d'un coup de poignard au
visage. Don Pèdre, blessé et couvert de sang, se jette
avec fureur sur don Henri. Tous deux ils se prirent au
corps, et tombèrent l'un et l'autre par terre. Henri se
trouva sous son ennemi, qui se mettait en devoir de se
saisir d'une dague pour le percer, et il l'aurait fait, si
le vicomte de Rocabertin n'eût pris par le pied le plus
faible, et ne l'eût fait tourner sur l'autre. Henri ne perdit point de temps, et, profitant de son avantage, tira
une petite épée qu'il portait, et la lui enfonçant au tra-
vers du corps, le laissa mort sur la place. C'est ainsi
que raconte ce fait Froissard, auteur contemporain, qui
dit la vérité quand il la sait, et qui assure avoir été bien
informé de celle-là. Je sais que quelques Espagnols rapportent autrement cette catastrophe de l'infortuné
Pierre le Cruel; mais ce qu'ils en disent est si peu
probable, que je m'étonne que Mariana, qui témoigne
avoir lu Froissard, ne s'en soit pas tenu à ce que cet
auteur en raconte d'une manière si naturelle, et qui

serait la plus vraisemblable, quand elle ne serait pas la plus vraie.

Ainsi termina sa criminelle et malheureuse vie, après environ dix neuf ans de règne, dans la trente-cinquième année de son âge, un roi qui n'avait laissé vivre que ceux qu'il n'avait pu faire mourir. En lui finit la branche des rois issus de Raymond de Bourgogne. Une tige bâtarde lui succéda, et c'était à elle qu'était réservée la gloire de jeter les fondements de la monarchie d'Espagne, par l'union solide et stable de celles de Castille et d'Aragon.

LIMOGES. — BARBOU FRÈRES, IMPRIMEURS-LIBRAIRES.

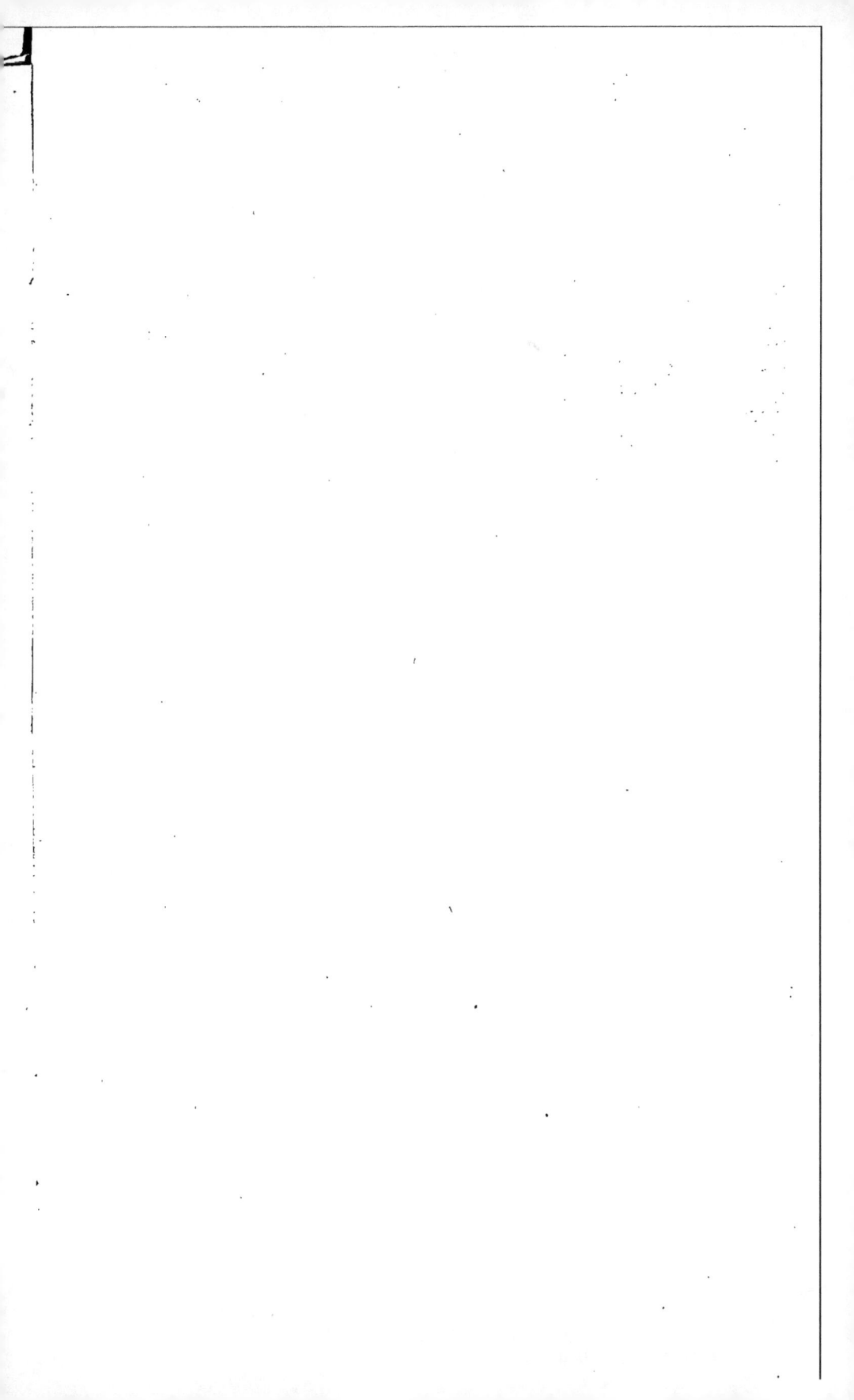

www.ingramcontent.com/pod-product-compliance
Lightning Source LLC
Chambersburg PA
CBHW071805090426
42737CB00012B/1964